Der kinderleichte

FONTANE

 aufbau

Der *kinderleichte* FONTANE

Ausgewählt von

GOTTHARD ERLER

Mit Illustrationen von

SABINE WILHARM

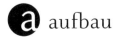

aufbau

Ein Lausejunge aus Swinemünde
Einleitung

Liebe Leser zwischen sieben und siebzig – lasst euch nicht verwirren: Die Geschichten in diesem Buch sind vor weit über hundert Jahren aufgeschrieben worden, und sie behandeln Vorgänge, die oft noch viel älter sind. Ungewohnte Worte kommen vor. Da heißt die Liebe mitunter noch »Minne«, und ein junger Mann, der heiraten will, »freit« um seine Liebste. Man rechnet nach Fuß und Meile statt nach Meter und Kilometer. Es brennt noch kein elektrisches Licht; flackernde Kerzen und stinkende Petroleumlampen erhellen die Abende. An Kugelschreiber und Computer ist nicht zu denken; auf dem Tisch steht ein Tintenfass, und geschrieben wird mit einer Schwanenfeder. Ihr seid an ICE-Züge gewöhnt und an Geschwindigkeiten um 300 Stundenkilometer; damals musste man in eine rumplige Postkutsche klettern, die auf unbefestigten Straßen stundenlang unterwegs war.

So etwa war die Welt beschaffen, in der der kleine Fontane in Swinemünde in Vaters riesigem Wohnhaus Verstecken spielte und seine nicht ungefährlichen Streiche ausheckte. Seine Abenteuer zu Wasser und zu Lande sind nicht unbedingt zur Nachahmung zu empfehlen (weder Schlüsselpistolen noch Mini-Kanonen), aber lustig ist es schon, zu erfahren, wie Kinder am Anfang des 19. Jahrhunderts aufwuchsen.

Doch der Schriftsteller Fontane erzählt ja nicht nur von seinem Leben; er weiß auch ganz anderes, zum Beispiel Sagen-haft-Gespenstisches aus seiner märkischen Heimat oder aus der englischen Geschichte, zu berichten, wo es an Mord und Tot-schlag, an Gefängnissen und Verliesen nicht fehlt. Der Böttcher auf dem Schlossberg bei Freienwalde (der Böttcher war ein geachte-

ter Handwerker, der hölzerne Gefäße, zum Beispiel Fässer, herstellte), dieser Böttcher lässt sich auf einen Pakt mit dem Teufel ein und will ausgerechnet den übers Ohr hauen, aber … na, lest selber. Fontane stellt gruslige Ereignisse gern in Balladenform dar, und spektakuläre oder sensationelle Vorgänge in Politik und Geschichte hat er immer wieder in packenden Versen festgehalten, wobei weite Teile der Welt ins spannende Spiel kommen. So begegnet ihr dem Steuermann John Maynard, der sein Leben opfert, um die Passagiere seines brennenden Schiffes zu retten. Und ihr lernt den berühmten Herrn von Ribbeck auf Ribbeck im Havelland mit seinen Birnen kennen. Übrigens: Fontanes erste Niederschrift des Gedichts, 1889 rasch auf drei Blättern hingeschrieben, ist gerade bei einer Auktion für 130 000 Euro versteigert worden – eine Summe, die der Autor zu Lebzeiten in zwanzig Jahren nicht verdient hat!

Doch schaut euch auch die Kriminalfälle an, die Fontane in mehreren seiner Bücher eingeflochten hat und von denen drei in die vorliegende Sammlung aufgenommen worden sind. Da ist zum Beispiel das Schicksal jener jungen Frau, der ein habgieriger Ratsherr das väterliche Erbe verweigert und die in ihrer Verzweiflung ihre Heimatstadt Tangermünde in Schutt und Asche legt; das war 1617, und Fontane hat ihr Leben in der Novelle »Grete Minde« erzählt. Oder: Drei junge Mädchen sind auf einem einsamen Gutshof im Oderbruch abends allein zu Haus, als zwei Einbrecher das Nebenzimmer durchstöbern und schließlich am Fenster auftauchen; eine Episode aus dem Roman »Vor dem Sturm«, der in den unsicheren Zeiten des schneereichen und grimmig kalten Winters 1812/13 spielt, als Napoleons Truppen das Land besetzt hielten. Oder da beendet im schlesischen Riesengebirge ein zorniger junger Mann seinen ewigen Streit mit dem strengen Förster mit Hilfe des Jagdgewehrs und verschwindet anschließend nach Amerika (in dem Roman »Quitt«).

Langweilig? No action? Keine Spannung? Doch wohl eher nicht. Und solltet ihr eure Erwartungen auf Nervenkitzel in der Zauberwelt Harry Potters aufgebaut und an Fernsehkrimis trainiert haben, so kommt ihr hier auf andere Art auf eure Kosten.

Doch wer war der Autor dieser Geschichten, wann und wie hat er gelebt? Versucht mal, euch vorzustellen, wie es im 19. Jahrhundert in Deutschland aussah.

Als Theodor Fontane mit dreizehn Jahren 1833 nach Berlin kam, fuhr in den deutschen Ländern (es gab 36 selbständige Fürstentümer und vier »Freie Reichsstädte«) noch keine Eisenbahn; als er 1898 starb, verfügte das »Deutsche Reich« über ein Streckennetz von 50 000 Kilometern. Der Schüler Fontane war noch mit der Postkutsche nach Berlin gefahren – und das waren richtige »Rippenbrecher« –, aber als der alte Herr in den achtziger und neunziger Jahren durch die »Reichshauptstadt« flanierte, gab es längst von Pferden gezogene Omnibusse und Straßenbahnen, und dazwischen kurvten seit neuestem – knatternd und qualmend – die ersten Automobile von Daimler und Benz; der »Hafermotor«, wie man den Droschkengaul nannte, wurde allmählich von der »Benzinkutsche« abgelöst, wie das Auto zunächst hieß. Auf den Straßen konnte man inzwischen wirklich fahren, weil Berlin endlich eine funktionierende Kanalisation erhalten hatte – vorher flossen die ekligen Abwässer einfach über die »Rinnsteine« ungeklärt in Spree und Havel, und die Ratten hatten gute Zeiten. Und noch ein Ereignis zeigt, wie rasch die technische Entwicklung vorangeschritten war: Zwei Jahre vor Fontanes Tod war Otto Lilienthal, einer der Pioniere des Fliegens, bei seinen Experimenten tödlich verunglückt. Aber wenig später hoben die »fliegenden Kisten« wirklich ab, und im Ersten Weltkrieg waren sie schon eine wirksame Waffe.

Kurzum: Fontane hat den Aufstieg Berlins von einer popligen Residenz zur Hauptstadt des Deutschen Kaiserreichs aus nächster Nähe miterlebt, hat sorgfältig beobachtet, wie aus dem Polizeistaat Preußen (in dem das Rauchen auf der Straße ebenso verboten war wie die Aufführung klassischer Stücke mit freiheitlichen Forderungen) eine moderne Weltstadt wurde. Das war der Hintergrund seines Leben.

Er wurde 1819 in Neuruppin geboren; der Vater besaß dort die Apotheke; das Haus kann man heute noch besichtigen; fahrt ruhig mal nach Neuruppin: es ist ein hübsches Städtchen am schönen See. Aufgewachsen ist er in der (heute polnischen) Hafenstadt Swinemünde auf der Insel Usedom, die er viel aufregender fand als das langweilige Neuruppin. Swinemünde war seinerzeit ein bedeutender Handelsplatz, wo Schiffe aus aller Welt anlegten und stets etwas Aufregendes zu erleben war; am liebsten spielte der kleine Fontane in der Störtebekers-Kul, wo sich im 14. Jahrhundert der berüchtigte Seeräuber versteckt hatte. Aufs Gymnasium kam Fontane wieder in Neuruppin, dann jedoch schickte ihn der Vater auf eine Gewerbeschule nach Berlin. Ergebnis dieses Wechsels war die unvollkommene Bildung, die Fontane immer beklagt hat: In Latein und Griechisch war er nicht perfekt, und auch die Realkunde blieb oberflächlich – zumal er die Schule mit Vorliebe schwänzte. Immerhin reichten seine Kenntnisse für die Ausbildung als Apotheker. Er ging in die Lehre und arbeitete dann als Gehilfe in Leipzig und Dresden, ehe er 1847 sein Examen ablegte.

Doch der junge Pharmazeut hatte längst ganz anderes im Kopf: er schrieb Gedichte und Geschichten und wurde in eine Berliner Vereinigung von Hobby-Literaten (»Tunnel über der Spree«) aufgenommen, wo Besitzverhältnisse und Standesunterschiede keine Rolle spielten und wo er vor allem mit seinen Balladen gefeiert wurde. 1848 erlebte er die Revolution in Berlin, ja, er dürfte einer der Kämpfer auf den Barrikaden gewesen sein. Aber die Revolution wurde – ihr erinnert euch vielleicht aus dem Geschichtsunterricht – mit militärischer Gewalt niedergeschlagen, die Ideen einer freiheitlichen Demokratie, die Fontane in seinen Artikeln gefordert hatte, wurden unterdrückt, und er musste sehen, wo er blieb – er hatte inzwischen geheiratet, und das erste Kind war geboren. Den Apothekerberuf hatte er aufgegeben; denn ohne eigene Apotheke war er im Ansehen der Leute nur ein »Giftmischer«. Er wurde Mitarbeiter preußischer Zeitungen. Als Korrespondent hielt er sich 1852 und 1855/59 in London auf und war fasziniert von der Metropole des britischen Kolonialreichs. 1859 kehrte er nach Berlin zurück, wo er als Redakteur bei der »Neuen Preußischen (Kreuz-)Zeitung« angestellt war. Es war eine mäßig bezahlte Halbtagsstelle, die ihm aber Zeit ließ, seine Wanderungen durch die Mark Brandenburg zu unternehmen und darüber zu schreiben. Dann kamen die Berichte über die Kriege hinzu, die Preußen gegen Dänemark (1864), Österreich (1866) und Frankreich (1870/71) führte und die er in ausführlichen Büchern schilderte. Es war ein gefährlicher Job, denn Fontane suchte die Kriegsschauplätze jeweils unmittelbar nach Abschluss der Kämpfe auf. Im Herbst 1870 hätte ihm das um ein Haar das Leben gekostet: Er wurde im Niemandsland von französischen Freischärlern aufgegriffen, die ihn für einen preußischen Spion hielten (er trug einen geladenen Revolver bei sich und, ohne Sanitäter zu sein, eine Rotkreuzbinde!) und ihn standrechtlich erschießen wollten. Mit knapper Not kam er davon und wurde für mehrere Wochen auf der Atlantik-Insel Oléron interniert.

Nachdem er endlich wieder frei und in Berlin war, nahm er eine neue Aufgabe in Angriff: Bis 1889 sollte er als Theaterkritiker im Schauspielhaus am Gendarmenmarkt auf seinem Parkettplatz 23 sitzen und für die »Vossische Zeitung« die Aufführungen besprechen. Er war ein strenger Kritiker, der gerne lobte, aber auch gnadenlos in die Pfanne haute, was ihm nicht gefiel. »Da sitzt das Scheusal wieder«, war in den Mienen mancher Schauspieler zu lesen.

Aber auch dieser neue Beruf war noch nicht der letzte in seinem Leben. 1878, Fontane war knapp sechzig, erschien sein erster Roman, »Vor dem Sturm«, und damit begann eine Karriere, der er seinen eigentlichen Ruhm verdankt. Siebzehn Erzählungen und Romane sollte er in den folgenden Jahren veröffentlichen (»Schach von Wuthenow«, »Irrungen, Wirrungen«, »Effi Briest« und »Der Stechlin« sind die bekanntesten) und nebenher die »Wanderungen durch die Mark Brandenburg« mit insgesamt fünf Bänden abschließen.

Die Lebens- und Zeitumstände haben ihn immer erneut zur Veränderung seiner Berufs- und Lebensvorstellungen gezwungen. Ursprünglich wollte der junge Fontane Professor für Geschichte werden (angeregt durch den anekdotenreichen väterlichen Unterricht), aber er musste, weil der Herr Papa es so bestimmte, die Apothekerlaufbahn einschlagen. Da er sich jedoch – derselbe Vater hatte das bescheidene Vermögen der Familie verschleudert – keine eigene Apotheke kaufen konnte, wechselte er zum Journalismus und zur Schriftstellerei. Er schlug sich mehr schlecht als recht mit politischen Aufsätzen, Reiseberichten und Gedichten durch (vom Honorar für den ersten Gedichtband konnte er gerade mal seinen Hochzeitsanzug bezahlen). Dann aber

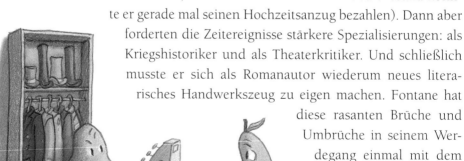

forderten die Zeitereignisse stärkere Spezialisierungen: als Kriegshistoriker und als Theaterkritiker. Und schließlich musste er sich als Romanautor wiederum neues literarisches Handwerkszeug zu eigen machen. Fontane hat diese rasanten Brüche und Umbrüche in seinem Werdegang einmal mit dem Satz umschrieben: »Ein Apotheker, der statt von einer Apotheke von der Dichtkunst leben will, ist so ziemlich das Tollste, was es gibt.« Der Lausejunge aus Swinemünde hat dieses Kunststück tatsächlich fertiggebracht.

Auch und vor allem seinen letzten Beruf hat Fontane sehr ernst genommen. Er war ein Schriftsteller aus Leidenschaft, der in seinem Metier keine Schlamperei duldete und stets auf künstlerische Vollkommenheit bedacht war. Seine Romane entstanden meist über lange Zeiträume hinweg. Wenn er einen Stoff gefunden hatte, der ihn begeisterte, schrieb er einen ersten Entwurf in kürzester Zeit nieder. Die Handschrift ist sehr flüchtig und sieht mitunter wie Stenographie aus. Diese erste Niederschrift blieb gewöhnlich monate-, ja jahrelang liegen, bis er sie wieder hervorkramte und eine wirkliche erste Fassung daraus entwickelte. Mit Tinte, Bleistift, Blau- und Rotstift wurde alles Satz für Satz überarbeitet, wobei er auch diverse Zettel benutzte und aufklebte. Dem Nichteingeweihten kommen diese Blätter wie das reine Chaos vor, und tatsächlich fand sich nur Fontanes geduldige und kundige Frau Emilie in diesem scheinbar heillosen Durcheinander zurecht. Sie stellte eine gut lesbare Abschrift her, die ihr Mann nun noch einmal durchkorrigierte, so intensiv, dass Emilie das Ganze oft ein zweites Mal abschreiben musste (wohlgemerkt: ohne Computer, nur mit einer Schwanenfeder). Und wenn dann der Text in der Druckerei gesetzt wurde, pflegte Fontane – zum Kummer seiner Verleger und zum Ärger der Setzer – noch einmal zu verbessern. Er hat sich gelegentlich für seine »Peniblität in Drucksachen« entschuldigt, für seine fast übertriebene Sorgfalt, aber das Feilen und Basteln am Text hat er nie aufgegeben, weil er sich für seine Wort-Kunst allein verantwortlich fühlte.

Er hat viel Zeit auf diese literarische Feinarbeit verwendet, aber er hat sich in all den Jahren stets auch ausreichend Zeit für seinen ausgedehnten Briefwechsel genommen (»nebenbei« hat er die Ereignisse seines Lebens auch noch in umfangreichen Tagebüchern festgehalten). Etwa 7000 Briefe von ihm sind

erhalten, und dies ist nur ein Teil dessen, was er tatsächlich verfasst hat, und auch diese Briefe sind oft kleine druckreife literarische Arbeiten. Im Zeitalter rasch getippter und noch rascher verschickter E-Mails steht man staunend vor dieser Tatsache, und vielleicht bekommt ihr ein gewisses Verständnis dafür, dass dieser fleißige Schriftsteller, der mit seiner literarischen Arbeit eine ganze Familie zu ernähren hatte, nicht allzu viel Zeit auf die Erziehung seiner Kinder verwenden konnte.

Die Fontanes hatten sieben Kinder (nichts Ungewöhnliches in jener Zeit); drei starben im Babyalter. George, der Älteste, war kein Ass in Mathe, er verließ deshalb das Gymnasium vor dem Abitur und wurde Offizier. Er belastete die Eltern lange, weil er oft Schulden wie ein Major hatte, obwohl er es nur bis zum Hauptmannsrang brachte. Der zweite Sohn hieß Theo wie der Vater, studierte Jura, war Verwaltungsbeamter in der preußischen Armee, und über seine Nachkommen lebt die Fontane-Familie noch heute weiter. Theo war ein Streber, und seine Geschwister schildern ihn als einen unangenehmen Beamtentyp. Immerhin, als er 1875 das Abitur bestanden hatte, gratulierte ihm der Vater: er sei der Erste in der ganzen Familiengeschichte, der diese Hürde genommen habe, »der Durchschnitts-Fontane ist immer aus Oberquarta abgegangen und hat sich dann weitergeschwindelt, das beste Teil seiner Bildung aus Journalen 3. Ranges zusammenlesend«. Als »Nachzügler« brachte Emilie Fontane 1864 (da ist sie fast vierzig) Sohn Friedrich zur Welt, einen aufgeweckten Jungen, der alle Fahrpläne im Kopf hatte und genau wusste, wann im Tiergarten

die Heißluftballons starteten. Er gründete 1888 einen eigenen Verlag, der schon bald als eins der besten und erfolgreichsten Unternehmen in Deutschland galt. Dazwischen steht die Tochter Martha (zu Hause meist »Mete« genannt), als Kind ein Wildfang, später als junge Frau hoch gebildet und begabt, zur Lehrerin ausgebildet, aber eigensinnig und ständig kränkelnd; mit der Anrede »Meine liebe Mete« hat Fontane ihr mindestens 270 ausführliche Briefe geschrieben, die ein dickes Buch füllen.

Die Erziehung dieser schwierigen Kinder war nicht einfach, und Fontane hat sie gern seiner Frau überlassen. Er war offenbar nicht sonderlich streng, eher nachsichtig, verständnisvoll; er war ein liebevoller Vater, mit dem ihr euch – hoffentlich – zusätzlich zu seinen Geschichten und Gedichten ein wenig anfreunden könnt.

Gotthard Erler

SWINEMÜNDE

13

EIN ENGEL MIT SCHILD UND SPEER

Es ist ein hübsches Wort, dass die Kinder ihren Engel haben, und man braucht nicht sehr gläubig zu sein, um es zu glauben. Für die Kleinen ist dieser Engel eine mit einem langen weißen Lilienschleier angetane Fee, die lächelnd zu Füßen einer Wiege steht und entweder vor Gefahr bewahrt oder, wenn sie schon da ist, aus ihr hilft. Das ist die Fee für die Kleinen. Ist man aber aus der Wiege beziehungsweise dem Bettchen heraus und schläft man bereits in einem richtigen Bett, mit andern Worten, ist man ein derber Junge geworden, so braucht man freilich auch noch seinen Engel, ja, man braucht ihn erst recht, aber statt des Lilien-Engels muss es nun eine Art Erzengel sein, ein starker, männlicher Engel, mit Schild und Speer, sonst reicht seine Kraft für seine mittlerweile gewachsenen Aufgaben nicht mehr aus. Ich war nicht eigentlich wild und wagehalsig, und alle meine Kunststücke, die mir als etwas Derartiges angerechnet wurden, geschahen immer nur in kluger Abmessung meiner Kräfte, trotzdem hab ich, im Rückblick auf jene Zeit, das Gefühl eines beständigen Gerettetwordenseins, ein Gefühl, in dem ich mich auch schwerlich irre. Denn als ich mit zwölf Jahren aus dem elterlichen Hause kam, in einem Alter also, wo die Fährlichkeiten recht eigentlich erst zu beginnen pflegen, wird es mit einem Male ganz anders, so sehr, dass es mir vorkommt, als habe mein Engel von jenem Zeitpunkt ab wie Ferien gehabt; alle Gefahren hören entweder ganz auf oder schrumpfen doch so zusammen, dass sie mir keinen Eindruck hinterlassen haben. Es muss also, bei dem Dichtnebeneinanderliegen dieser Zeitläufte, doch wohl ein Unterschied gewesen sein, der mir so ganz verschiedene Gefühle zurückgelassen hat.

Aus sogenannten Schlüsselbüchsen schießen war ein Hauptvergnügen. Es wird solche Schlüsselbüchsen unter Großstadtkindern kaum noch geben, und deshalb möcht ich sie hier beschreiben dürfen. Es waren Hohlschlüssel von ganz dünner Wandung, also sozusagen mit ungeheurer Seele, womit die Wäschetruhen und namentlich die Truhen der Dienstmädchen zugeschlossen wurden. Solche Schlüssel uns anzueignen war unser beständiges Bemühen, worin wir bis zur Piraterie gingen. Wehe dem armen Dienstmädchen, das den Schlüssel abzuziehen vergaß – sie sah ihn nie wieder. Wir bemächtigten uns seiner, und durch die einfache Prozedur eines Zündloch-Einfeilens war nun die Schusswaffe hergestellt. Da diese Schlüssel immer rostig, mitunter auch schon

ausgesplittert waren, so war es nichts Seltenes, dass sie sprangen; wir kamen aber immer heil davon. Der Engel half.

Ungleich gefährlicher waren die beständig geübten Feuerwerkskünste. Ich hatte mich mit Hilfe von Schwefel und Salpeter, die wir in der Apotheke bequem zur Hand hatten, zu einem vollständigen Pyrotechniker herangebildet, dabei von meiner Papp- und Kleisterkunst sehr wesentlich unterstützt. Alle Sorten von Hülsen wurden mit Leichtigkeit hergestellt, und so entstanden Sonnen, Feuerräder und pot à feu's*. Oft weigerten sich diese Schöpfungen, ihre ihnen zugemutete Schuldigkeit zu tun, und wir warfen sie dann zusammen und zündeten den ganzen Haufen missglückter Herrlichkeit mit einem Schwefelfaden an, abwartend, was draus werden würde. All das war ziemlich gefahrlos. Desto gefahrvoller für uns war aber das, was in der Pyrotechnik als das einfachste und niedrigststehende Produkt gilt und auch von uns so angesehen wurde: der Schwärmer. Dieser, wenn ich die Mischung verfehlt haben mochte, wollte häufig nicht recht brennen, was mich immer sehr verdross. Wenn sich ein Feuerrad zu drehen weigerte, nun, das ging allenfalls; ein Feuerrad war eine vergleichsweise künstliche Sache, ein Schwärmer aber musste brennen, und wenn er trotzdem nicht wollte, war das eine Schändlichkeit, die man nicht hinnehmen durfte. So bückte ich mich denn über die in einen Sandhaufen gesteckten Hülsen und begann zu pusten, um dem erlöschenden Zündschwamm neues Leben zu geben. Erlosch er dabei völlig, so war das eigentlich das Beste, ging es aber plötzlich los, so wurde mir das Haar versengt oder die Stirn verbrannt. Schlimmeres kam nicht vor. Der Engel schützte mich eben mit seinem Schild.

Das war das Element des Feuers. Aber auch mit dem Wasser machten wir uns zu schaffen, was in einer Seestadt nicht wundernehmen durfte.

Herbst 31 war mir von einem Berliner Anverwandten eine Kanone als Geschenk verehrt worden, nicht etwa ein gewöhnliches Kinderspielzeug, wie man es beim ersten besten Kupferschmidt oder Zinngießer kaufen kann, sondern eine sogenannte Modell-Kanone, wie man ihnen nur in Zeughäusern begegnet – ein wahres Prachtstück an Schönheit und Eleganz, die Lafette fest und sauber, das Geschützrohr blitzblank und wohl fast anderthalb Fuß lang. Ich war selig und beschloss, alsbald zu einem Bombardement von Swinemünde zu schreiten. Zwei Jungens meines Alters und mein jüngerer Bruder bestiegen mit

---

* Feuertöpfe, Behälter, die mit Schwärmern gefüllt sind.

mir ein an »Klempins Klapp« liegendes Boot, und nun fuhren wir, die Kanone vorn am Steven, flussabwärts. Als wir etwa in Höhe des Gesellschaftshauses waren, hielt ich die Zeit zum Beginn der Beschießung für gekommen und gab drei Schuss ab, bei jedem Schuss abwartend, ob wir vom Bollwerk aus beobachtet und in dem Ernst unsres Tun gewürdigt würden. Beides blieb jedoch aus. Was aber nicht ausblieb, das war, dass wir inzwischen in die Strömung hineingeraten waren und, von dieser gefasst und getrieben, uns mit einem Male zwischen den Molendämmen sahen. Und nun erfasste mich eine furchtbare Angst. Ging das so weiter, so waren wir in zehn Minuten draußen und konnten dann auf Bornholm und die schwedische Küste zufahren. Es war eine ganz verteufelte Situation, und wir griffen zuletzt zu dem wenigst tapferen, aber doch schließlich verständigsten Mittel und begannen ungeheuer zu schreien, zugleich winkend und schwenkend, und erwiesen uns überhaupt als geradezu erfinderisch in Notsignalen. Endlich wurden wir von einigen auf der Westmole stehenden Lotsen bemerkt, die nun mit dem Finger drohten, aber doch auch, vergnüglich dreinschauend, uns schließlich ein Tau zuwarfen. Und damit waren wir aus der Gefahr heraus. Einer der Lotsen kannte mich, weil sein Junge zu meinen Spielgefährten gehörte. Das machte denn auch wohl, dass wir mit ein paar nicht allzu schlimmen Ehrentiteln davonkamen. Ich nahm meine Kanone unter den Arm und hatte noch die Befriedigung, sie bewundert zu sehen. Dann ging ich nach Hause, nachdem ich versprochen hatte, Hans Ketelböter, einen großen Schiffersjungen, der ganz in unsrer Nähe wohnte, hinauszuschicken, um das inzwischen an einem Pfahl befestigte Boot zurückzurudern. – Dies war unter den Wasserfährlichkeiten die aparteste, aber keineswegs die gefährlichste. Die gefährlichste war zugleich die alleralltäglichste, weil beim Baden in der See beständig wiederkehrende. Wer die Ostseebäder kennt, kennt auch die sogenannten »Reffs«. Es werden darunter die hundert oder zweihundert Schritt in See hinein, parallel mit dem Ufer laufenden und oft nur von wenig Wasser überspülten Sandstreifen verstanden, auf denen die Badenden, wenn sie die zwischenliegenden tiefen Stellen passiert haben, wieder ausruhen können. Und damit sie genau wissen, wo diese Stellen sind, sind rote Fähnchen auf diesen Sandriffen angebracht. Hier lag nun für mich die tägliche Verführung. War es still und alles normal, so reichten meine Schwimmkünste gerade aus, glücklich über die tiefen Stellen wegzukommen und das zunächst gelegene Reff zu erreichen, lag es aber minder günstig oder ließ ich mich wohl gar aus Zufall zu früh nieder, so dass ich keinen festen Grund unter den Füßen hatte, so war auch der Schreck und mitunter die Todesangst da. Glücklich bin ich jederzeit herausgekommen. Aber nicht durch mich. Kraft und Hilfe kamen von woanders her.

Eine weitere Wassergefahr, die zu bestehen mir noch beschieden war, hatte nichts mit der See zu tun, sondern spielte sich auf dem Strom ab, dicht am Bollwerk, keine 500 Schritt von unserm Hause. … Die ganze Stelle war sehr malerisch, besonders auch im Winter, wo hier die festgelegten und ihrer Obermasten entkleideten Schiffe lagen, oft drei hintereinander, also bis ziemlich weit in den Strom hinein. Uns hier am Bollwerk herumzutummeln und auf den ausgespannten Tauen, soweit sie dicht über dem Erdboden hinliefen, unsere Seiltänzerkünste zu üben war uns gestattet, und nur eines stand unter Verbot: wir durften nicht auf die Schiffe gehen und am wenigsten die Strickleiter hinauf bis in den Mastkorb klettern. Ein sehr vernünftiges Verbot. Aber je vernünftiger es war, desto größer war unser Verlangen, es zu übertreten, und bei »Räuber und Wandersmann«, das wir alle sehr liebten, verstand sich diese Übertretung beinahe von selbst. Entdeckung lag überdies außerhalb der Wahrscheinlichkeit; die Eltern waren entweder bei ihrer »Partie« oder zu Tische geladen. »Also nur vorwärts. Und petzt einer, so kommt er noch schlimmer weg als wir.«

So dachten wir auch eines Sonntags im April 31. Es muss um diese Jahreszeit gewesen sein, weil mir noch der klare und kalte Luftton deutlich vor Augen steht. Auf dem Schiffe war keine Spur von Leben und am Bollwerk keine Menschenseele zu sehn, was mir des Ferneren beweist, dass es ein Sonntag war.

Ich, als der Älteste und Stärkste, war natürlich Räuber, und acht oder zehn kleinere Jungens – unter denen nur ein Einziger, ein Illegitimer, der, wie zu Begleichung seiner Geburt, Fritz Ehrlich hieß, es einigermaßen mit mir aufnehmen konnte – waren schon vom Kirchplatz her, wo wie gewöhnlich die Jagd begonnen hatte, dicht hinter mir her. Ziemlich abgejagt kam ich am Bollwerk an, und weil es hier keinen anderen Ausweg für mich gab, lief ich, über eine breite und feste Bohlenlage fort, auf das zunächst liegende Schiff hinauf. Die ganze Meute mir nach, was natürlich zur Folge hatte, dass ich vom ersten Schiff alsbald aufs zweite und vom zweiten aufs dritte musste. Da ging es nun nicht weiter, und wenn ich mich meiner Feinde trotzdem erwehren wollte, so blieb mir nichts anderes übrig, als auf dem Schiffe selbst nach einem Versteck oder wenigstens nach einer schwer zugänglichen Stelle zu suchen. Und ich fand auch so was und kletterte auf den etwa mannshohen, neben der Kajüte befindlichen Oberbau hinauf, darin sich, neben andren Räumlichkeiten, gemeinhin auch die Schiffsküche zu befinden pflegte. Etliche, in die steile Wandung eingelegte Stufen erleichterten es mir. Und da stand ich nun oben, momentan geborgen, und sah als Sieger auf meine Verfolger. Aber das Siegesgefühl konnte nicht lange dauern; die Stufen waren wie für mich so auch für andre da, und in kürzester Frist stand Fritz Ehrlich ebenfalls oben. Ich war verloren, wenn ich nicht auch jetzt noch einen Ausweg fand, und mit aller Kraft, und so weit der schmale Raum es zuließ, einen Anlauf nehmend, sprang ich, von dem Küchenbau her, über die zwischenliegende Wasserspalte hinweg auf das zweite Schiff zurück und jagte nun, wie von allen Furien verfolgt, wieder aufs Ufer zu. Und nun hatt ich's, und den Frei-Platz vor unsrem Hause zu gewinnen war nur noch ein Kleines für mich. Aber ich sollte meiner Freude darüber nicht lange froh werden, denn im selben Augenblicke fast, wo ich wieder festen Boden unter meinen Füßen hatte, hörte ich auch schon von dem dritten und zweiten Schiff her ein

jämmerliches Schreien und dazwischen meinen Namen, so dass ich wohl merkte, da müsse was passiert sein. Und so schnell, wie ich eben über die polternde Bohlenlage ans Ufer gekommen, ebenso schnell ging es auch wieder über dieselbe zurück. Es war höchste Zeit. Fritz Ehrlich hatte mir den Sprung von der Küche her nachmachen wollen und war dabei, weil er zu kurz sprang, in die zwischen dem dritten und zweiten Schiff befindliche Wasserspalte gefallen. Da steckte nun der arme Junge, mit seinen Nägeln in die Schiffsritzen hineingreifend; denn an Schwimmen, wenn er überhaupt schwimmen konnte, war nicht zu denken. Dazu das eiskalte Wasser. Ihn von oben her so ohne weiteres abzureichen war unmöglich, und so griff ich denn nach einem von der einen Strickleiter etwas herabhängenden Tau und ließ mich, meinen Körper durch allerlei Künste nach Möglichkeit verlängernd, an der Schiffswand so weit herab, dass Fritz Ehrlich meinen am weitesten nach unten reichenden linken Fuß gerade noch fassen konnte. Oben hielt ich mich mit der rechten Hand. »Pack zu, Fritz.« Aber der brave Junge, der wohl einsehen mochte, dass wir beide verloren wären, wenn er wirklich fest zupackte, beschränkte sich darauf, seine Hand leise auf meine Stiefelspitze zu legen, und so wenig dies war, so war es doch gerade genug für ihn, sich über Wasser zu halten. Vielleicht war er auch, aus natürlicher Beanlagung, ein sogenannter »Wassertreter« oder hatte, was schließlich noch wahrscheinlicher, das bekannte Glück der Illegitimen. Gleichviel, er blieb in der Schwebe, bis Leute vom Ufer her herankamen und ihm einen Bootshaken herunterreichten, während andre ein an »Hannemanns Klapp« liegendes Boot losmachten und in den Zwischenraum hineinfuhren, um ihn da herauszufischen. Ich meinerseits war in dem Augenblick, wo der rettende Bootshaken kam, von einem mir Unbekannten, von oben her, am Kragen gepackt und mit einem strammen Ruck wieder auf Deck gehoben worden. Von Vorwürfen, die sonst bei solchen Gelegenheiten nicht ausblieben, war diesmal keine Rede. Den triefenden, von Schüttelfrost gepackten Fritz Ehrlich brachten die Leute nach einem ganz in der Nähe gelegenen Hause, während wir andern, in kleinlauter Stimmung, unsren Heimweg antraten. Ich freilich auch gehoben, trotzdem ich wenig Gutes von der Zukunft erwartete.

Meine Befürchtungen erfüllten sich aber nicht. Im Gegenteil.

Am andern Vormittag, als ich in die Schule wollte, stand mein Vater schon im Hausflur und hielt mich fest, denn Nachbar Pietzker, der gute Zipfelmützenmann, hatte wieder geplaudert. Freilich mehr denn je in guter Absicht.

»Habe von der Geschichte gehört …«, sagte mein Vater. »Alle Wetter, dass du nicht gehorchen kannst. Aber es soll hingehen, weil du dich gut benommen hast. Weiß alles, Pietzker drüben …«

Und damit war ich entlassen.

Wie gerne denk ich daran zurück, nicht um mich in meiner Heldentat zu sonnen, sondern in Dank und Liebe zu meinem Vater. So muss Erziehung sein. Der liebenswürdige Mann, wenn er zum Strafen abkommandiert wurde, traf er's nicht immer glücklich, wenn er aber seinem unmittelbaren Gefühle folgen konnte, traf er's desto besser.

JOHN MAYNARD

John Maynard!
»Wer ist John Maynard?«

»John Maynard war unser Steuermann,
Aus hielt er, bis er das Ufer gewann,
Er hat uns gerettet, er trägt die Kron,
Er starb für uns, unsre Liebe sein Lohn.
John Maynard.«

———

Die »Schwalbe« fliegt über den Erie-See,
Gischt schäumt um den Bug wie Flocken von Schnee,
Von Detroit fliegt sie nach Buffalo –
Die Herzen aber sind frei und froh,
Und die Passagiere, mit Kindern und Fraun,
Im Dämmerlicht schon das Ufer schaun,
Und plaudernd an John Maynard heran
Tritt alles: »Wie weit noch, Steuermann?«
Der schaut nach vorn und schaut in die Rund:
»Noch dreißig Minuten … Halbe Stund.«

Alle Herzen sind froh, alle Herzen sind frei –
Da klingt's aus dem Schiffsraum her wie Schrei,
»Feuer« war es, was da klang,
Ein Qualm aus Kajütt und Luke drang,
Ein Qualm, dann Flammen lichterloh,
Und noch zwanzig Minuten bis Buffalo.

Und die Passagiere, buntgemengt,
Am Bugspriet stehn sie zusammengedrängt,
Am Bugspriet vorn ist noch Luft und Licht,
Am Steuer aber lagert sich's dicht,
Und ein Jammern wird laut: »Wo sind wir? wo?«
Und noch fünfzehn Minuten bis Buffalo.

Der Zugwind wächst, doch die Qualmwolke steht,
Der Kapitän nach dem Steuer späht,
Er sieht nicht mehr seinen Steuermann,
Aber durchs Sprachrohr fragt er an:
»Noch da, John Maynard?«
                               »Ja, Herr. Ich bin.«
»Auf den Strand. In die Brandung.«
                               »Ich halte drauf hin.«
Und das Schiffsvolk jubelt: »Halt aus. Hallo.«
Und noch zehn Minuten bis Buffalo.

»Noch da, John Maynard?« Und Antwort schallt's
Mit ersterbender Stimme: »Ja, Herr, ich halt's.«
Und in die Brandung, was Klippe, was Stein,
Jagt er die »Schwalbe« mitten hinein,
Soll Rettung kommen, so kommt sie nur *so*.
Rettung: der Strand von Buffalo.

———

Das Schiff geborsten. Das Feuer verschwelt.
Gerettet alle. Nur *einer* fehlt!

———

Alle Glocken gehn; ihre Töne schwelln
Himmelan aus Kirchen und Kapelln,
Ein Klingen und Läuten, sonst schweigt die Stadt,
Ein Dienst nur, den sie heute hat:
Zehntausend folgen oder mehr,
Und kein Aug im Zuge, das tränenleer.

Sie lassen den Sarg in Blumen hinab,
Mit Blumen schließen sie das Grab,
Und mit goldner Schrift in den Marmorstein
Schreibt die Stadt ihren Dankspruch ein:
  »Hier ruht John Maynard. In Qualm und Brand
  Hielt er das Steuer fest in der Hand,
  Er hat uns gerettet, er trägt die Kron,
  Er starb für *uns*, unsre Liebe sein Lohn.
      John Maynard.«

BUTTERSTULLENWERFEN

Es fliegt ein Stein (die Hand warf ihn gut)
Kräftig, waagrecht über die Flut.

Eine Säule steigt auf und der Sonne Schein
Malt einen Regenbogen hinein.

Und weiter, ein zweites und drittes Mal,
Erhebt sich der siebenfarbige Strahl.

Aber je weiter vom Ufer entfernt,
Der Stein im Fluge das Fliegen verlernt.

Eine Schwere zieht ihn, es ebbt seine Kraft,
Der Strahl ermattet und erschlafft.

Ein Kräuseln noch einmal, ein Tropfen blinkt,
Und dann Ruh und Stille, – der Stein versinkt.

Die Geschichte vom Allerhühnchen

Vor mehreren hundert Jahren war eine Frau von Beeren eines Kindleins glücklich genesen. In einem großen Himmelbett, dessen Gardinen halb geöffnet waren, lag die junge Frau, neben sich die Wiege mit dem Kind, und verfolgte in träumerischem Spiel die Schatten, die in dem spärlich erleuchteten Zimmer an Wand und Decke auf und ab tanzten. Plötzlich bemerkte sie, dass es unter dem Kachelofen, der auf vier schweren Holzfüßen stand, hell wurde, und als sie sich aufrichtete, sah sie deutlich, dass ein Teil der Diele wie eine kleine Kellertür aufgehoben war. Aus der Öffnung stiegen alsbald allerhand zwergenhafte Gestalten, von denen die vordersten kleine Lichtchen trugen, während andere die Honneurs machten und die nach ihnen Kommenden willkommen hießen. Alle waren geputzt. Ehe sich die Wöchnerin von ihrem Staunen erholen konnte, ordneten sich die Kleinen zu einem Zuge und marschierten zu zwei und zwei vor das Bett der jungen Frau. Die zwei vordersten baten um die Erlaubnis, ein Familienfest feiern zu dürfen, zu dem sie sich unter dem Ofen versammelt hätten. Frau von Beeren war eine liebenswürdige Natur, ihr guter Humor gewann die Oberhand, und sie nickte bejahend mit dem Kopf. Alsbald kehrten die Kleinen unter den Ofen zurück und begannen ihr Fest. Aus der Kelleröffnung wurden Tischchen heraufgebracht, andere deckten weiße Tücher darüber, Lichterchen wurden aufgestellt, und ehe viele Minuten um waren, saßen die Kleinen an ihren Tischen und ließen sich's schmecken. Frau von Beeren konnte die Züge der Einzelnen nicht unterscheiden, aber sie sah die lebhaften Bewegungen und erkannte deutlich, dass alle sehr heiter waren. Nach dem Essen wurde getanzt. Eine leise Musik, wie wenn Violinen im Traum gespielt würden, klang durch das ganze Zimmer. Als der Tanz vorüber war, ordneten sich alle wieder zu einem Zuge und erschienen abermals vor dem Bett der Wöchnerin und dankten für freundliche Aufnahme. Zugleich legten sie ein Angebinde nieder und baten die Mutter, des Geschenkes wohl achtzuhaben: die Familie werde blühen, solange man das Geschenk in Ehren halte, werd aber vergehen und verderben, sobald man es missachte. Dann kehrten sie unter den Ofen zurück, die Lichterchen erloschen, und alles war wieder dunkel und still.

Als Frau von Beeren, unsicher, ob sie gewacht oder geträumt habe, nach dem Angebinde sich umsah, lag es in aller Wirklichkeit auf der Wiege des Kindes. Es war eine kleine Bernsteinpuppe mit menschenähnlichem Kopf, etwa zwei Zoll

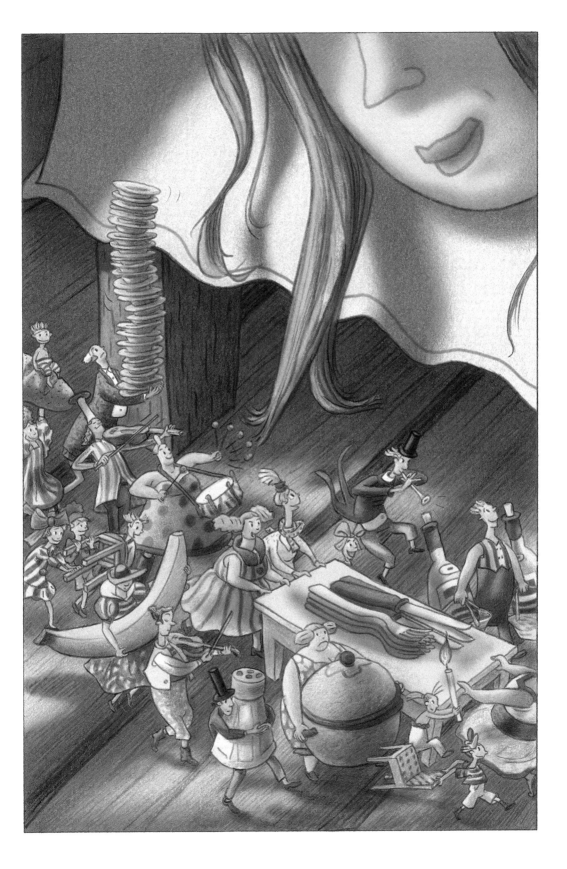

lang und der untere Teil in einen Fischschwanz auslaufend. Dieses Püppchen, das Leute, die zu Anfang dieses Jahrhunderts lebten, noch gesehen haben wollen, führte den Namen »Allerhühnchen« (Alräunchen)* und galt als Talisman der Familie. Es vererbte sich von Vater auf Sohn und wurde ängstlich bewahrt und gehütet. Geist von Beeren indessen kümmerte sich wenig um das wunderliche Familienerbstück; war er doch kein Freund von Sagen und Geschichten, von Tand und Märchenschnack, und was seiner Seele so ziemlich am meisten fehlte, war Pietät und der Sinn für das Geheimnisvolle.

Allerhühnchen hatte lang im Schrank gelegen, ohne dass seiner erwähnt worden wäre. Da führte das Weihnachtsfest eine lustige Gesellschaft bei Geist von Beeren zusammen, und der Zufall wollte, dass einer der Gäste vom »Allerhühnchen« sprach. »Was ist es damit?«, hieß es von allen Seiten, und kaum dass die Frage gestellt worden war, so wurd auch schon die Geschichte zum Besten gegeben und das Allerhühnchen herbeigeholt. Geist von Beeren ließ es rundum gehen, witzelte und spöttelte und – warf es dann ins Feuer.

Von dem Augenblick an brach das Unheil herein …

* Talisman in Form einer Wurzel von menschenähnlicher Gestalt, die man früher als Zaubermittel und Glücksbringer schätzte.

SEIFENBLASEN

Kinder, ihre Lust zu zeigen,
Ließen Seifenblasen steigen,
Wie das schimmert im Sonnenschein,
Ein'ge groß und ein'ge klein.
Die geblasen mit Durchschnitts-Munde,
Hielten sich eine volle Sekunde,
Mehrere aber waren dabei,
Ja das hielt sich bis zu zwei.
Eine stieg so hoch wie das Haus,
Da stieß sie an, da war es aus.

DER TOWER-BRAND

Wenn's im Tower Nacht geworden, wenn die Höfe leer und stumm,
Gehn die Geister der Erschlagnen in den Korridoren um,
Durch die Lüfte bebt Geflüster klagend dann, wie Herbsteswehn,
Mancher hat im Mondenschimmer schon die Schatten schreiten sehn.

Vor dem Zug, im Purpurmantel, silberweiß von Bart umwallt,
Schwebt des sechsten Heinrichs greise, gramverwitterte Gestalt,
Lady Gray* dann, mit den Söhnen König Edwards an der Hand; – –
Leise rauscht der Anna Bulen** langes seidenes Gewand.

Zahllos ist das Heer der Geister, das hinauf, hinunter schwebt,
Das da murmelt: »Fluch dir Tower, dran das Blut der Unschuld klebt;
Schutt und Trümmer sollst du werden!« aber machtlos ist ihr Fluch,
Ehern hält den Bau zusammen böser Mächte Zauberspruch.

Wieder nachtet's, wieder ziehn sie durch die Räume still und weit,
Plötzlich stockt der Zug und schart sich um ein glimmend Tannenscheit,
Dann geschäftig tragen Schnitzwerk, Fahnen, Frangen sie herzu,
Und zur hellen Flamme schüren sie die matte Glut im Nu.

Wie das prasselt, wie das flackert! einen sprühnden Feuerbrand
Nehmen sie zum nächt'gen Umzug jetzt als Fackel in die Hand,
Weithin wird die Saat der Funken in den Zimmern ausgestreut,
Flammen sollen draus erwachsen; hei, der Fluch erfüllt sich heut!

Alles schläft; doch auf vom Lager springt im Nu der rasche Sturm,
Und er wirft sich in das Feuer, und das Feuer in den Turm,
An des Towers Felsenwände peitscht er schon das Flammenmeer,
Und den Segen drüber sprechend, wogt auf ihm das Geisterheer.

---

* Johanna Grey, die englische Thronfolgerin, wurde auf Befehl von Königin Maria I. 1554 hingerichtet.
** Anna Boleyn, die Frau König Heinrichs VIII. von England, wurde wegen angeblichen Ehebruchs 1536 hingerichtet.

Doch, als ob das Salz der Tränen feuerfest die Wände macht,
Wie wenn Blut der beste Mörtel, den ein Meister je erdacht, –
Seht, wie durstig auch die Flamme sich von Turm zu Turme wirft,
Hat sie doch, als wären's Becher, nur den Inhalt ausgeschlürft.

Wieder, wenn es Nacht geworden, wenn's im Tower leer und stumm,
Gehn die Geister der Erschlagnen in den Korridoren um,
Durch die Lüfte weht Geflüster, klagend dann wie Herbsteswehn,
Mancher wird im Mondenschimmer noch die Schatten schreiten sehn.

Das Feuer von Tangermünde

Es ist eine alte Geschichte, die nun erzählt wird. Sie spielt vor vierhundert Jahren in der Stadt Tangermünde an der Elbe. Eine romantische Jugendliebe verbindet die Nachbarskinder Grete Minde und Valtin Emrentz, doch des alten Minde verbitterte Schwiegertochter Trud grault Grete aus dem väterlichen Haus. So fliehen die jungen Leute aus der Stadt und schließen sich einer umherziehenden Puppenspieler-Gesellschaft an. Valtin stirbt bald, und Grete kehrt mit ihrem Kind nach Tangermünde zurück. Vielleicht kann der Bruder Gerdt ihr helfen …

Unwillkürlich beschleunigte sich ihr Schritt, und binnen kurzem hatte sie die nur aus wenig Häusern bestehende Vorstadt erreicht. Eins dieser Häuser, das sich nach seinem bemalten und vergoldeten Schilde leicht als ein Herbergshaus erkennen ließ, lag in Nähe des Tores, und sie trat hier ein, um eine Weile zu ruhen und ein paar Fragen zu stellen. Die Leute zeigten sich ihr in allem zu Willen, und eh eine Stunde vergangen war, war sie fertig und stand gerüstet da: die Kleider ausgestäubt und geglättet und das während des langen Marsches wirr gewordene Haar wieder geordnet.

Es schlug eben fünf, als sie, das Kind unterm Mantel, aus der Herbergstüre trat. Draußen im Sande scharrten die Hühner ruhig weiter, und nur der Hahn trat respektvoll beiseit und krähte dreimal, als sie vorüberging. Ihr Schritt war leicht, leichter als ihr Herz, und wer ihr ins Auge gesehen hätte, hätte sehen müssen, wie der Ausdruck darin beständig wechselte. So passierte sie das Tor, auch den Torplatz dahinter, und als sie jenseits desselben den inneren Bann der Stadt erreicht hatte, war es ihr, als wäre sie gefangen und könne nicht mehr heraus. Aber sie war nicht im Bann der Stadt, sondern nur im Bann ihrer selbst. Und nun ging sie die große Mittelstraße hinauf, an dem Rathause vorüber, hinter dessen durchbrochenen Giebelrosetten der Himmel wieder glühte, so rot und prächtig wie jenen Abend, wo Valtin sie die Treppe hinunter ins Freie getragen und von jähem Tod errettet hatte. Errettet? Ach, dass sie damals zerdrückt und zertreten worden wäre. Nun zertrat sie diese Stunde! Aber sie redete sich zu und schritt weiter in die Stadt hinein, bis sie dem Mindeschen Hause gegenüber hielt. Es war nichts da, was sie hätte stören oder überraschen können. In allem derselbe Anblick wie früher. Da waren noch die Nischen, auf deren Steinplatten sie, lang, lang eh Trud ins Haus kam, mit Valtin gesessen und geplaudert

hatte, und dort oben die Giebelfenster, die jetzt aufstanden, um die Frische des Abends einzulassen, das waren *ihre* Fenster. Dahinter hatte sie geträumt, geträumt so vieles, so Wunderbares. Aber doch nicht das!

In diesem Augenblicke ging drüben die Tür, und ein Knabe, drei- oder vierjährig, lief auf die Stelle zu, wo Grete stand. Sie sah wohl, wer es war, und wollt ihn bei der Hand nehmen; aber er riss sich los und huschte bang und ängstlich in eines der Nachbarhäuser hinein. »So beginnt es«, sagte sie und schritt quer über den Damm und auf das Haus zu, dessen Tür offen geblieben war. In dem Flure, trotzdem es schon dämmerte, ließ sich alles deutlich erkennen: an den Wänden hin standen die braunen Schränke, dahinter die weißen, und nur die Schwalbennester, die links und rechts an dem großen Querbalken geklebt hatten, waren abgestoßen. Man sah nur noch die Rundung, wo sie vordem gesessen. Das erschreckte sie mehr als alles andre. »Die Schwalben sind nicht mehr heimisch hier«, sagte sie, »das Haus ist ungastlich geworden.« Und nun klopfte sie und trat ein.

Ihr Auge glitt unwillkürlich über die Wände hin, an denen ein paar von den Familienbildern fehlten, die früher da gewesen waren, auch das ihrer Mutter; aber der große Nussbaumtisch stand noch am alten Platz, und an der einen Schmalseite des Tisches, den Kopf zurück, die Füße weit vor, saß Gerdt und las. Es schien ein Aktenstück, dessen Durchsicht ihm in seiner Ratsherreneigenschaft obliegen mochte. Denn einer von den Mindes saß immer im Rate der Stadt. Das war so seit hundert Jahren oder mehr.

Grete war an der Schwelle stehengeblieben, und erst als sie wahrnahm, dass Gerdt aufsah und die wenigen Bogen, die das Aktenstück bildeten, zur Seite legte, sagte sie:

»Grüß dich Gott, Gerdt. Ich bin deine Schwester Grete.«

»Ei, Grete«, sagte der Angeredete, »bist du da! Wir haben uns lange nicht gesehen. Was machst du? Was führt dich her?«

»Valtin ist tot …«

»Ist er? So!«

»Valtin ist tot, und ich bin allein. Ich hab ihm auf seinem Sterbebette versprechen müssen, euch um Verzeihung zu bitten. Und da bin ich nun und tu's und bitte dich um eine Heimstatt und um einen Platz an deinem Herd. Ich bin müde des Umherfahrens und will still und ruhig werden. Ganz still. Und ich will euch dienen; das soll meine Buße sein.« Und sie warf sich, als sie so gesprochen, mit

einem heftigen Entschlusse vor ihm nieder, mehr rasch als reuig, und sah ihn fragend und mit sonderbarem Ausdruck an. Das Kind aber hielt sie mit der Linken unter ihrem Mantel.

Gerdt war in seiner bequemen Lage geblieben und sah an die Zimmerdecke hinauf. Endlich sagte er: »Buße! Nein, Grete, du bist *nicht* bußfertig geworden. Ich kenne dich besser, dich und deinen stolzen Sinn. Und in deiner Stimme klingt nichts von Demut. Aber auch wenn du Demut gelernt hättest, unsere Schwester kann nicht unsre Magd sein. Das verbietet uns das Herkommen und das Gerede der Leute.«

Grete war in ihrer knienden Stellung verblieben und sagte:

»Ich dacht es wohl. Aber wenn *ich* es nicht sein kann, so sei es das Kind. Ich lieb es, und *weil* ich es so liebe, mehr als mein Leben, will ich mich von ihm trennen und will's in andere Hände geben. In eure Hände. Es wird nicht gut' und glückliche Tage haben, ich weiß ja welche, aber wenn es nicht in Glück aufwächst, so wird es doch in Sitt und Ehren aufwachsen. Und das soll es. Und so ihr euch seiner schämt, so tut es zu guten Leuten in Pfleg und Zucht, dass es *ihr* Kind wird und mich vergisst und nichts an ihm bleibt von Sünd und Makel und von dem Flecken seiner Geburt. Erhöre mich, Gerdt; sage ja, und ihr sollt mich nicht wiedersehen. Ich will fort, weit fort, und mir eine Stelle suchen, zum Leben und zum Sterben. Tu's! Ach, Lieb und Hass haben mir die Sinne verwirrt, und vieles ist geschehen, das besser nicht geschehen wäre. Aber es ist nichts Böses an dieser meiner Hand. Hier lieg ich; ich habe mich vor dir niedergeworfen, nimm mich wieder auf! Hilf mir, und wenn nicht mir, so hilf dem Kind.«

Gerdt sah auf die kniende Frau, gleichgültig und mitleidslos, und sagte, während er den Kopf hin und her wiegte: »Ich mag ihm nicht Vater sein und nicht Vormund und Berater. Du hast es so gewollt, nun hab es. Es schickt sich gut, dass du's unterm Mantel trägst, denn ein Mantelkind ist es. Bei seinem *vollen* Namen will ich's nicht nennen.«

Und er ließ sie liegen und griff nach dem Aktenbündel, als ob er der Störung müde sei und wieder lesen wolle.

Grete war jetzt aufgesprungen, und ein Blick unendlichen Hasses schoss aus ihren Augen. Aber sie bezwang sich noch und sagte mit einer Stimme, die plötzlich tonlos und heiser geworden war: »Es ist gut so, Gerdt. Aber noch ein Wort. Du hast mich nicht erhören wollen in meiner Not, so höre mich denn in meinem Recht. Ich bin als eine Bittende gekommen, nicht als eine Bettlerin. Denn ich *bin* keine Bettlerin. Ich bin des reichen Jacob Minde Tochter. Und so will ich denn mein *Erbe*. Hörst du, Gerdt, mein Erbe.«

Gerdt faltete die Bogen des Aktenstücks zusammen, schlug damit in seine linke Hand und lachte: »Erbe! Woher Erbe, Grete? Was brachte deine Mutter ein? Kennst du das Lied vom Sperling und der Haselnuss? Erbe! Du hast keins. Du hast dein Kind, das ist alles. Versuch es bei den Zernitzens, sprich bei dem Alten vor. Der *Valtin* hat ein Erbe. Und Emrentz, denk ich, wird sich freuen, dich zu sehn.«

»Ist das dein letztes Wort?«

»Ja, Grete.«

»So gehab dich wohl, und dein Lohn sei wie dein Erbarmen.« Und damit wandte sie sich und schritt auf die Tür und den Flur zu. Als sie draußen an dem Fenster vorüberkam, sah sie noch einmal hinein, aber Gerdt, der abgewandt und in Gedanken dasaß, bemerkte nichts.

Er sah auch noch starr vor sich hin, als Trud eintrat und einen Doppelleuchter vor ihn auf den Tisch stellte. Denn es dunkelte schon. Sie waren kein plaudrig Ehepaar, und die stummen Abende waren in ihrem Hause zu Hause; heut aber stellte Trud allerlei Fragen, und Gerdt, dem es unbehaglich war, erzählte schließlich von dem, was die letzte Stunde gebracht hatte. Über alles ging er rasch hinweg; nur als er an das Wort »Erbe« kam, konnt er davon nicht los und wiederholte sich's zweimal, dreimal und zwang sich zu lachen.

Trud aber, als er so sprach, war an das Fenster getreten und klopfte mit ihren Nägeln an die Scheiben, wie sie zu tun pflegte, wenn sie zornig war. Endlich wandte sie sich wieder und sagte: »Und was glaubst du, was nun geschieht?«

»Was geschieht? Ich weiß es nicht.«

»Aber ich weiß es. Meinst du, dass diese Hexe sich an die Landstraße setzen und dir zuliebe sterben und verderben wird?! Oh, Gerdt, Gerdt, es kann nicht guttun. *Ich* hätt's gedurft, *vielleicht* gedurft, denn wir waren uns fremd und feind von Anfang an. Aber *du*! Du durftest es *nicht*. Ein Unheil gibt's! Und *du* selber hast es heraufbeschworen. Um guten Namens willen, sagst du? Geh; ich kenn dich besser. Aus Geiz und Habsucht und um Besitz und Goldes willen! Nichts weiter.«

Er sprang auf und wollte heftig antworten, denn so stumpf und gefügig er war, so zornmütig war er, wenn an seinem Besitz gerüttelt wurde. Trud aber, uneingeschüchtert, schnitt ihm das Wort ab und sagte: »Sprich nicht, Gerdt; ich lese dir das schlechte Gewissen von der Stirn herunter. Deine Mutter hat's eingebracht, ich weiß es. Aber als die Span'sche, Gott sei's geklagt, in unser Haus kam, da hatte sich's verdoppelt, und aus eins war zwei geworden. Und so du's anders sagst, so lügst du. Sie *hat* ein Erbe. Sieh nicht so täppisch drein. Ich weiß es, und so sie's nicht empfängt, so wollen wir sehen, was von deinem und ihrem übrig bleibt. Lehre mich sie kennen. Ich hab ihr in die schwarzen Augen gesehen, öfter als du. Gezähmt, sagst du? Nie, nie.« Und sie zog ihren Knaben an sich, der, während sie sprach, ins Zimmer getreten war.

»Ihr sprecht von der Frau«, sagte das Kind. »Ich weiß. Sie hat mich bei der Hand nehmen wollen. Drüben. Aber ich habe mich vor ihr gefürchtet und von ihr losgerissen.«

Grete war allem Anscheine nach ruhig aus dem Haus getreten; aber in ihrem Herzen jagte sich's wie Sturm, und hundert Pläne schossen in ihr auf und schwanden wieder, alle von dem *einen* Verlangen eingegeben, ihrem Hass und ihrer Rache genugzutun. Und immer war es *Gerdt*, den sie vor Augen hatte, *nicht* Trud; und auf seinen Schultern stand ein rotes Männlein mit einem roten Hut und einer roten vielgezackten Fahne, das wollt er abschütteln; aber er konnt es nicht. Und sie lachte vor sich hin, ganz laut, und nur in ihrem Innern klang es leise: »Bin ich irr?«

Unter solchen Bildern und Vorstellungen war sie grad über den Rathausplatz hinaus, als sie plötzlich, wie von einem Lichtscheine geblendet, sich wieder umsah und der halben Mondesscheibe gewahr wurde, die still und friedlich, als regiere sie die Stunde, über dem Giebelfelde des Rathauses stand. Und sie sah hinauf, und ihr war, als lege sich ihr eine Hand beruhigend auf das Herz. »Es soll mir ein Zeichen sein«, sagte sie. »Vor den *Rat* will ich es bringen; der soll mich aufrichten … Nein, nicht aufrichten. Richten soll er. Ich will nicht Trost und Gnade von Menschenmund und Menschenhand, aber mein *Recht* will ich, mein Recht gegen *ihn*, der sich und seiner Seelen Seligkeit dem Teufel verschrieben hat. Denn der Geiz ist der Teufel.« Und sie wiederholte sich's und grüßte mit ihrer Hand zu der Mondesscheibe hinauf.

Dann aber wandte sie sich wieder und ging auf das Tor und die Vorstadt zu.

Draußen angekommen, setzte sie sich zu den Gästen und sprach mit ihnen und bat um etwas Milch. Als ihr diese gebracht worden, verabschiedete sie sich rasch und stieg in die Bodenkammer hinauf, darin ihr die Wirtin ein Bett und eine Wiege gestellt hatte. Und todmüde von den Anstrengungen des Tags, warf sie sich nieder und schlief ein. Bis um Mitternacht, wo das Kind unruhig zu werden anfing. Sie hörte sein Wimmern und nahm es auf, und als sie's gestillt und wieder eingewiegt, öffnete sie das Fenster, das den Blick auf die Vorstadtgärten und dahinter auf weite, weite Stoppelfelder hatte. Der Mond war unter, aber die Sterne glitzerten in beinah winterlicher Pracht, und sie sah hinauf in den goldenen Reigen und streckte beide Hände danach aus. »Gott, erbarme dich mein!« Und sie kniete nieder und küsste das Kind. Und ihren Kopf auf dem Kissen und ihre rechte Hand über die Wiege gelegt, so fand sie die Wirtin, als sie bei Tagesanbruch eintrat, um sie zu wecken.

Der Schlaf hatte sie gestärkt, und noch einmal fiel es wie Licht und Hoffnung in ihr umdunkeltes Gemüt, ja, ein frischer Mut kam ihr, an den sie selber nicht mehr geglaubt hatte. Jeder im Rate kannte sie ja, und der alte Peter Guntz war ihres Vaters Freund gewesen. Und Gerdt? der hatte keinen Anhang und keine

Liebe. Das wusste sie von alten und neuen Zeiten her. Und sie nahm einen Imbiss und spielte mit dem Kind und plauderte mit der Wirtin, und auf Augenblicke war es, als vergäße sie, was sie hergeführt.

Aber nun schlug es elf von Sankt Stephan. Das war die Stunde, wo die Ratmannen zusammentraten, und sie brach auf und schritt rasch auf das Tor zu und wie gestern die Lange Straße hinauf.

Um das Rathaus her war ein Gedränge. Marktfrauen boten feil, und sie sah dem Treiben zu. Ach, wie lange war es, dass sie solchen Anblick nicht gehabt und sich seiner gefreut hatte! Und sie ging von Stand zu Stand und von Kram zu Kram, um das halbe Rathaus herum, bis sie zuletzt an die Rückwand kam, wo nur noch ein paar einzelne Scharren* standen. In Höhe dieser war eine Steintafel in die Wand eingelassen, die sie früher an dieser Stelle nie bemerkt hatte. Und doch musste sie schon alt sein, das ließ sich an dem graugrünen Moos und den altmodischen Buchstaben erkennen. Aber sie waren noch deutlich zu lesen. Und sie las:

> Hastu Gewalt, so richte recht,
> Gott ist dein Herr und du sein Knecht;
> Verlass dich nicht auf dein’ Gewalt,
> Dein Leben ist hier bald gezahlt,
> Wie du zuvor hast ’richtet mich,
> Also wird Gott auch richten dich;
> Hier hastu gerichtet nur kleine Zeit,
> Dort wirstu gerichtet in Ewigkeit.

»Wie schön!« Und sie las es immer wieder, bis sie jedes Wort auswendig wusste. Dann aber ging sie rasch um die zweite Hälfte des Rathauses herum und stieg die Freitreppe hinauf, die, mit einer kleinen Biegung nach links, unmittelbar in den Sitzungssaal führte.

Es war derselbe Saal, in dem, zu Beginn unserer Erzählung, die Puppenspieler gespielt und das verhängnisvolle Feuerwerk abgebrannt hatten. Aber statt der vielen Bänke stand jetzt nur ein einziger langer Tisch inmitten desselben, und um den Tisch her, über den eine herunterhängende grüne Decke gebreitet war,

---

* Verkaufsbuden.

saßen Burgemeister* und Rat. Zuoberst Peter Guntz, und zu beiden Seiten neben ihm: Caspar Helmreich, Joachim Lemm, Christoph Thone, Jürgen Lindstedt und drei, vier andre noch. Nur Ratsherr Zernitz hatte sich mit Krankheit entschuldigen lassen. An der andern Schmalseite des Tisches aber wiegte sich Gerdt auf seinem Stuhl, dasselbe Aktenbündel in Händen, in dem er gestern gelesen hatte.

Er verfärbte sich jetzt und senkte den Blick, als er seine Schwester eintreten sah, und aus allem war ersichtlich, dass er eine Begegnung an dieser Stelle nicht erwartet hatte. Grete sah es und trat an den Tisch und sagte: »Grüß Euch Gott, Peter Guntz. Ihr kennt mich nicht mehr; aber ich kenn Euch. Ich bin Grete Minde, Jacob Mindes einzige Tochter.«

Alle sahen betroffen auf, erst auf Grete, dann auf Gerdt, und nur der alte Peter Guntz selbst, der so viel gesehen und erlebt hatte, dass ihn nichts mehr verwundersam bedünkte, zeigte keine Betroffenheit und sagte freundlich: »Ich kenn dich wohl. Armes Kind. Was bringst du, Grete? Was führt dich her?«

»Ich komm, um zu klagen wider meinen Bruder Gerdt, der mir mein Erbe weigert. Und dessen, denk ich, hat er kein Recht. Ich kam in diese Stadt, um wiedergutzumachen, was ich gefehlt, und wollte dienen und arbeiten und bitten und beten. Und das alles um dieses meines Kindes willen. Aber Gerdt Minde hat mich von seiner Schwelle gewiesen; er misstraut mir; und vielleicht, dass er's darf. Denn ich weiß es wohl, was ich war und was ich bin. Aber wenn ich kein Recht hab an sein brüderlich Herz, so hab ich doch ein Recht an mein väterlich Gut. Und dazu, Peter Guntz und ihr andern Herren vom Rat, sollt ihr mir willfährig und behülflich sein.«

Peter Guntz, als Grete geendet, wandte sich an Gerdt und sagte: »Ihr habt die Klage gehört, Ratsherr Minde. Ist es, wie sie sagt? Oder was habt Ihr dagegen vorzubringen?«

»Es ist *nicht*, wie sie sagt«, erhob sich Gerdt von seinem Stuhl. »Ihre Mutter war einer armen Frauen Kind, ihr wisset all, wes Landes und Glaubens, und kam ohne Mitgift in unser Haus.«

»Ich weiß.«

»Ihr wisst es. Und doch soll ich sprechen, wo mir zu schweigen ziemlicher wär. Aber Euer Ansinnen lässet mir keine Wahl. Und so höret denn. Jacob

---

* Alte Form von Bürgermeister.

Minde, mein Vater, so klug er war, so wenig umsichtig war er. Und so zeigte sich's von Jugend auf. Er hatte keine glückliche Hand in Geschäften und ging doch gern ins Große, wie die Lübischen tun und die Flandrischen. Aber das trug unser Haus nicht. Und als ihm zwei Schiffe scheiterten, da war er selbst am Scheitern. Und um diese Zeit war es, dass er meine Mutter heimführte, von Stendal her, Baldewin Rickharts einzige Tochter. Und mit *ihr* kam ein Vermögen in unser Haus …«

»Mit dem Euer Vater wirtschaftete.«

»Aber nicht zu Segen und Vorteil. Und ich habe mich mühen müssen und muss es noch, um alte Misswirtschaft in neue Gutewirtschaft zu verkehren, und alles, was ich mein nenne bis diese Stunde, reicht nicht heran an das Eingebrachte von den Stendal'schen Rickharts her.«

»Und dies sagt Ihr an Eides Statt, Ratsherr Minde!«

»Ja, Peter Guntz.«

»Dann, so sich nicht Widerspruch erhebt, weis ich dich ab mit deiner Klage. Das ist tangermündisch Recht. Aber eh ich dich, *Grete* Minde, die du zu Spruch und Beistand uns angerufen hast, aus diesem unseren Gericht entlasse, frag ich *dich*, *Gerdt* Minde, ob du dein Recht brauchen und behaupten oder nicht aus christlicher Barmherzigkeit von ihm ablassen willst. Denn *sie*, die hier vor dir steht, ist deines Vaters Kind und deine Schwester.«

»Meines Vaters Kind, Peter Guntz, aber *nicht* meine Schwester. Damit ist es nun vorbei. Sie fuhr hoch, als sie noch mit uns war; nun fährt sie niedrig und steht vor Euch und mir und birgt ihr Kind unterm Mantel. Fragt sie, wo sie's herhat. Am Wege hat sie's geboren. Und ich habe nichts gemein mit Weibern, die zwischen Heck und Graben ihr Feuer zünden und ihre Lagerstatt beziehn. Unglück? Wer's glaubt. Sie hat's *gewollt*. Kein falsch Erbarmen, liebe Herren. Wie wir uns betten, so liegen wir.«

Grete, während ihr Bruder sprach, hatte das Kind aus ihrem Mantel genommen und es fest an sich gepresst. Jetzt hob sie's in die Höh, wie zum Zeichen, dass sie's nicht verheimlichen wolle. Und nun erst schritt sie dem Ausgange zu. Hier wandte sie sich noch einmal und sagte ruhig und mit tonloser Stimme:

Verlass dich nicht auf dein Gewalt,
Dein Leben ist hier bald gezahlt,
Wie du zuvor hast 'richtet mich,
Also wird Gott auch richten *dich* –

und verneigte sich und ging.

Die Ratsherren, deren anfängliche Neugier und Teilnahme rasch hingeschwunden war, sahen ihr nach, einige hart und spöttisch, andere gleichgültig.

Nur Peter Guntz war in Sorg und Unruh über das Urtel*, das er hatte sprechen müssen. »Ein unbillig Recht, ein totes Recht.« Und er hob die Sitzung auf und ging ohne Gruß und Verneigung an Gerdt Minde vorüber.

Grete war die Treppe langsam hinabgestiegen. Das Markttreiben unten dauerte noch fort, aber sie sah es nicht mehr; und als sie den Platz hinter sich hatte, richtete sie sich auf, wie von einem wirr-phantastischen Hoheitsgefühl ergriffen. Sie war keine Bettlerin mehr, auch keine Bittende; nein, ihr gehörte diese Stadt, *ihr*. Und so schritt sie die Straße hinunter auf das Tor zu.

Aber angesichts des Tores bog sie nach links hin in eine Scheunengasse und gleich dahinter in einen schmalen, grasüberwachsenen Weg ein, der, zwischen der Mauer und den Gärten hin, im Zirkel um die Stadt lief. Hier durfte sie sicher sein, niemandem zu begegnen, und als sie bei der Minde'schen Garten-

* Alte Form von Urteil.

pforte war, blieb sie stehen. Erinnerungen kamen ihr, Erinnerungen an *ihn*, der jetzt auf dem Klosterkirchhof schlief, und ihr schönes Menschenantlitz verklärte sich noch einmal unter flüchtiger Einkehr in alte Zeit und altes Glück. Aber dann schwand es wieder, und jener starr-unheimliche Zug war wieder da, der über die Trübungen ihrer Seele keinen Zweifel ließ. Es war ihr mehr auferlegt worden, als sie tragen konnte, und das Zeichen, von dem die Domina* gesprochen, *heut* hätt es jeder gesehen. Und nun legte sie die Hand auf die rostige Klinke, drückte die Tür auf und zu und sah, ihren Vorstellungen nachhängend, auf die hohen Dächer und Giebel, die von drei Seiten her das gesamte Hof- und Gartenviereck dieses Stadtteils umstanden. Einer dieser Giebel war der Rathausgiebel, jetzt schwarz und glasig, und hinter dem Giebel stand ein dickes Gewölk. Zugleich fühlte sie, dass eine schwere, feuchte Luft zog; Windstöße fuhren dazwischen, und sie hörte, wie das Obst von den Bäumen fiel. Über die Stadt hin aber, von Sankt Stephan her, flogen die Dohlen, unruhig, als ob sie nach einem andren Platze suchten und ihn nicht finden könnten. Grete sah es alles. Und sie sog die feuchte Luft ein und ging weiter. Ihr war so frei.

Als sie das zweite Mal ihren Zirkelgang gemacht und wieder das Tor und seinen inneren Vorplatz erreicht hatte, verlangte sie's nach einer kurzen Rast. Eine von den Scheunen, die mit dem Vorplatz grenzte, dünkte ihr am bequemsten dazu. Das Dach war schadhaft und die Lehmfüllung an vielen Stellen aus dem Fachwerk herausgeschlagen. Und sie bückte sich und schlüpfte durch eines dieser Löcher in die Scheune hinein. Diese war nur halb angefüllt, zumeist mit Stroh und Werg, und wo der First eingedrückt war, hing die Dachung in langen Wiepen** herunter. Sie setzte sich in den Werg, als wolle sie schlafen. Aber sie schlief nicht, von Zeit zu Zeit vielmehr erhob sie sich, um unter das offene Dach zu treten, wo der Himmel finster-wolkig und dann wieder in heller Tagesbläue hereinsah. Endlich aber blieb die Helle fort, und sie wusste nun, dass es wirklich Abend geworden. Und darauf hatte sie gewartet. Sie bückte sich und tappte nach ihrem Bündel, das sie beiseitegelegt, und als sie's gefunden und sich wieder aufgerichtet hatte, gab es in dem Dunkel einen blassen, bläulichen Schein, wie wenn sie einen langen Feuerfaden in ihrer Hand halte. Und nun ließ sie den Faden fallen und kroch, ohne sich umzusehen, aus der Fachwerköffnung wieder ins Freie hinaus.

* Äbtissin, Vorsteherin eines Stifts.
** Strohwisch, zusammengebundenes Strohbüschel.

Wohin? In die Stadt? Dazu war es noch zu früh, und so suchte sie nach einem schon vorher von ihr bemerkten, aus Ziegel und Feldstein aufgemauerten Treppenstück, das, von der Innenseite der Stadtmauer her, in einen alten, längst abgetragenen Festungsturm hinaufführte. Und jetzt hatte sie das Treppenstück gefunden. Es war schmal und bröcklig, und einige Stufen fehlten ganz; aber Grete, wie nachtwandelnd, stieg die sonderbare Leiter mit Leichtigkeit hinauf, setzte sich auf die losen Steine und lehnte sich an einen Berberitzenstrauch, der hier oben auf der Mauer aufgewachsen war. So saß sie und wartete; lange; aber es kam keine Ungeduld über sie. Endlich drängte sich ein schwarzer Qualm aus der Dachöffnung, und im nächsten Augenblicke lief es in roten Funken über den First hin, und alles Holz- und Sparrenwerk knisterte auf, als ob Reisig von den Flammen gefasst worden wäre. Dazu wuchs der Wind, und wie aus einem zugigen Schlot heraus fuhren jetzt die brennenden Wergflocken in die Luft. Einige fielen seitwärts auf die Nachbarscheunen nieder, andre aber trieb der Nordwester vorwärts auf die Stadt, und eh eine Viertelstunde um war, schlug an zwanzig Stellen das Feuer auf, und von allen Kirchen her begann das Stürmen der Glocken. »Das ist Sankt Stephan«, jubelte Grete, und dazwischen, in wirrem Wechsel, summte sie Kinderlieder vor sich hin und rief in schrillem Ton und mit erhobener Hand in die Stadt hinein: »Verlass dich nicht auf dein Gewalt.« Und dann folgte sie wieder den Glocken, nah und fern, und mühte sich, den Ton jeder einzelnen herauszuhören. Und wenn ihr Zweifel kamen, so stritt sie mit sich selbst und sprach zugunsten dieser und jener und wurde wie heftig in ihrem Streit. Endlich aber schwiegen alle, auch Sankt Stephan schwieg, und Grete, das Kind aufnehmend, das sie neben sich in das Mauergras gelegt hatte, sagte: »Nun ist es Zeit.« Und sicher, wie sie die Treppe hinaufgestiegen, stieg sie dieselbe wieder hinab und nahm ihren Weg, an den brennenden Scheunen entlang, auf die Hauptstraße zu.

Hunderte, von Furcht um Gut und Leben gequält, rannten an ihr vorüber, aber niemand achtete der Frau, und so kam sie bis an das Minde'sche Haus und stellte sich demselben gegenüber, an eben die Stelle, wo sie gestern gestanden hatte.

Gerdt konnte nicht zu Hause sein, alles war dunkel; aber an einem der Fenster erkannte sie Trud und neben ihr den Knaben, der, auf einen Stuhl gestiegen, in gleicher Höhe mit seiner Mutter stand. Beide wie Schattenbilder und *allein*. Das war es, was sie wollte. Sie passierte ruhig den Damm, danach die Tür und den langen Flur und trat zuletzt in die Küche, darin sie jedes Winkelchen kannte. Hier nahm sie von dem Brett, auf dem wie früher die Zinn- und Messingleuchter standen, einen Blaker* und fuhr damit in der Glutasche des Herdes umher. Und nun tropfte das Licht und brannte hell und groß, viel zu groß, als dass der Zugwind es wieder hätte löschen können. Und so ging sie den Flur zurück, bis vorn an die Tür, und öffnete rasch und wandte sich auf das Fenster zu, von dem aus Trud und ihr Kind nach wie vor auf die Straße hinausstarrten. Und jetzt stand sie zwischen beiden.

»Um Gottes Barmherzigkeit willen«, schrie Trud und sank bei dem Anblick der in vollem Irrsinn vor ihr Stehenden ohnmächtig in den Stuhl. Und dabei ließ sie den Knaben los, den sie bis dahin angst- und ahnungsvoll an ihrer Hand gehalten hatte.

»Komm«, sagte Grete, während sie das Licht auf die Fensterbrüstung stellte. Und sie riss den Knaben mit sich fort, über Flur und Hof hin und bis in den Garten hinein. Er schrie nicht mehr, er zitterte nur noch. Und nun warf sie die Gartentür wieder ins Schloss und eilte, den Knaben an ihrer Hand, ihr eigenes Kind unterm Mantel, an der Stadtmauer entlang auf Sankt Stephan zu. Hier, wie sie's erwartet, hatte das Stürmen längst aufgehört, Glöckner und Mesner waren fort, und unbehelligt und unaufgehalten stieg sie vom Unterbau des Turmes her in den Turm selbst hinauf: erst eine Wendeltreppe, danach ein

* Leuchter, Windlicht.

Geflecht von Leitern, das hoch oben in den Glockenstuhl einmünde-
te. Als die vordersten Sprossen kamen, wollte das Kind nicht weiter,
aber sie zwang es und schob es vor sich her. Und nun war sie selber
oben und zog die letzte Leiter nach. Um sie her hingen die großen Glocken und summten leise, wenn sie den Rand derselben berührte. Und nun
trat sie rasch an die Schalllöcher, die nach der Stadtseite hin lagen, und
stieß die hölzernen Läden auf, die sofort vom Winde gefasst und an die
Wand gepresst wurden. Ein Feuermeer unten die ganze Stadt; Vernichtung
an allen Ecken und Enden, und dazwischen ein Rennen und Schreien, und
dann wieder die Stille des Todes. Und jetzt fielen einige der vom Winde her-
aufgewirbelten Feuerflocken auf das Schindeldach ihr zu Häupten nieder, und
sie sah, wie sich vom Platz aus aller Blicke nach der Höhe des Turmes und nach
ihr selber richteten. Unter denen aber, die hinaufwiesen, war auch Gerdt. *Den*
hatte sie mit ihrer ganzen Seele gesucht, und jetzt packte sie seinen Knaben und
hob ihn auf das Lukengebälk, dass er frei dastand und im Widerscheine des
Feuers von unten her in aller Deutlichkeit gesehen werden konnte. Und Gerdt
sah ihn wirklich und brach in die Knie und schrie um Hilfe, und alles um ihn
her vergaß der eigenen Not und drängte dem Portal der Kirche zu. Aber ehe
noch die Vordersten es erreichen oder gar die Stufen der Wendeltreppe gewinnen konnten, stürzte die Schindeldecke prasselnd zusammen, und das Gebälk
zerbrach, an dem die Glocken hingen, und alles ging niederwärts in die Tiefe.

Herr von Ribbeck auf Ribbeck im Havelland

Herr von Ribbeck auf Ribbeck im Havelland,
Ein Birnbaum in seinem Garten stand,
Und kam die goldene Herbsteszeit
Und die Birnen leuchteten weit und breit,
Da stopfte, wenn's Mittag vom Turme scholl,
Der von Ribbeck sich beide Taschen voll,
Und kam in Pantinen ein Junge daher,
So rief er: »Junge, wiste 'ne Beer?«
Und kam ein Mädel, so rief er: »Lütt Dirn,
Kumm man röwer, ick hebb 'ne Birn.«

So ging es viel Jahre, bis lobesam
Der von Ribbeck auf Ribbeck zu sterben kam.
Er fühlte sein Ende. 's war Herbsteszeit,
Wieder lachten die Birnen weit und breit,
Da sagte von Ribbeck: »Ich scheide nun ab.
Legt mir eine Birne mit ins Grab.«
Und drei Tage drauf, aus dem Doppeldachhaus,
Trugen von Ribbeck sie hinaus,
Alle Bauern und Büdner, mit Feiergesicht,
Sangen »Jesus meine Zuversicht«,
Und die Kinder klagten, das Herze schwer,
»He is dod nu. Wer giwt uns nu 'ne Beer?«

So klagten die Kinder. Das war nicht recht,
Ach, sie kannten den alten Ribbeck schlecht,
Der *neue* freilich, der knausert und spart,
Hält Park und Birnbaum strenge verwahrt,
Aber der *alte*, vorahnend schon
Und voll Misstraun gegen den eigenen Sohn,
Der wusste genau, was damals er tat,
Als um eine Birn ins Grab er bat,

Und im dritten Jahr, aus dem stillen Haus,
Ein Birnbaumsprössling sprosst heraus.

Und die Jahre gehen wohl auf und ab,
Längst wölbt sich ein Birnbaum über dem Grab,
Und in der goldenen Herbsteszeit
Leuchtet's wieder weit und breit.
Und kommt ein Jung übern Kirchhof her,
So flüstert's im Baume: »Wiste 'ne Beer?«
Und kommt ein Mädel, so flüstert's: »Lütt Dirn,
Kumm man röwer, ick gew di 'ne Birn.«

So spendet Segen noch immer die Hand
Des von Ribbeck auf Ribbeck im Havelland.

HARALD HARFAGER

Da sprach König Harald (Harfager zubenannt):
»Wisst, ich habe Boten an Rynhild ausgesandt,
An Rynhild, Blaatands Tochter. Und ziehet sie morgen ein,
Unter meinen Frauen allen soll fortan auch Rynhilde sein.«

Sprach es König Harald. Und auf und ab im Saal,
Im Schlosse zu Drammen, saßen die Großen allzumal,
Und dazwischen in lachender Jugend und wie Kinder anzuschaun
Saßen blond und stolz und glücklich Harald Harfagers neunundzwanzig
  Fraun.

Und als der König gesprochen, alles flüsterte leis,
Aber plötzlich schwieg das Flüstern, Olaf Thureson trat in den Kreis,
Olaf Thureson, Haralds Bote. Vor den König tritt er und spricht:
»Ich bringe Rynhilds Antwort, Rynhilden aber bring' ich *nicht*.

In der Marmorhalle zu Roskild, meine Botschaft zu hören bereit,
Stand sie, Korallen im Goldhaar, an König Blaatands Seit,
Längst war ihr Kunde gekommen, um wessentwill' ich kam,
Und sie lachte, dieweil sie die Spange wie spielend von ihrem Arme nahm.

›König Harald ist Herr über Norweg, über Norwegs Frauen auch,
Aber euer Brauch in Drammen ist nicht in Roskilde Brauch,
Und liebt ich ihn, wie ich ihn hasse, meine Liebe hätte nicht Eil,
Ein ganzes Herz will Rynhilde, nicht eines Herzens dreißigsten Teil.‹«

Olaf Thureson sprach's. Wie Freude zuckt's um die Lippe der Fraun,
Aber rot auf Haralds Stirne war das Zornesmal zu schaun,
Er rief: »Und wirken nicht Worte, so wirke denn das Schwert,
Noch nie hat König Harald ein Königskind umsonst begehrt.«

Und er stieg hinab zum Strande. Segelfertig Schiff um Schiff;
Am ersten Tage vorüber an Skagens Horn und Riff,
Am zweiten: Nebel und Windstill, alle Segel schlaff und matt,
Aber sieh, mit Ruderschlage geht es süderwärts in das Kattegatt.

Und am dritten Tag ein Windstoß und zerrissen die Nebelschleir,
Und am blauen Himmel die Sonne. »Die Sonne, die schickt uns Frejr.
Frejr will den Weg uns zeigen.« Und mit Waffenklirrn an Bord
Und bei Kriegeshörnerblasen läuft Harald ein in Roskilde-Fjord.

Hoch oben aber am Saaltor, auf der Treppe von Roskild,
In Ruhe steht König Blaatand und neben ihm Rynhild,
Und sie zählen die Nordlandsschiffe, hundert Segel fast, –
Am Bug steht König Harald. Kriegswimpel flattern hoch am Mast.

»Krieg bringt er.« Aber plötzlich … welch Wunder, das Wandel schuf,
Es schweigt das Waffenklirren und es schweigt der Schlachtenruf,
Es schweigt der Hörner Blasen, – nur Zimbeln und Schalmein,
»Harald kommt nicht, um zu fechten, Harald kommt, um minniglich zu frein.«

Und sieh, hinan die Stufen steigt er und beugt sein Knie:
»König Blaatand, deine Tochter, in Demut werb ich um sie,
Meinen Stolz hat sie bezwungen. Und meiner Krone Glanz,
Ich will ihn *teilen* mit Rynhild. Aber mein Herze hat sie *ganz*.«

DER KRANICH

Rau ging der Wind, der Regen troff,
  Schon war ich nass und kalt;
Ich macht auf einem Bauerhof
  Im Schutz des Zaunes Halt.

Mit abgestutzten Flügeln schritt
  Ein Kranich drin umher,
Nur seine Sehnsucht trug ihn mit
  Den Brüdern übers Meer;

Mit seinen Brüdern, deren Zug
  Jetzt hoch in Lüften stockt,
Und deren Schrei auch ihn zum Flug
  In fernen Süden lockt.

Und sieh, er hat sich aufgerafft,
  Es gilt erneutes Glück;
Umsonst, der Schwinge fehlt die Kraft,
  Und ach, er sinkt zurück.

Und Huhn und Hahn und Hühnchen auch
  Umgackern ihn voll Freud; –
Das ist so alter Hühner-Brauch
  Bei eines Kranichs Leid.

Der Abend ist schön, und Duft und Nebel steigen aus den Wiesengründen auf. Der Wald zur Linken steht, wie es im Liede heißt, »schwarz und schweigend«, und nur vor uns, nach Nordwesten zu, glüht noch der Abendhimmel in wunderbaren Farbenspielen durch die Nebelschleier hindurch. Es ist just die Stunde, um den *Schlossberg* und die Burg der Uchtenhagen zu besuchen, denn die Landschaft selbst erscheint wie ein weit aufgetanes Tor, um uns rot und golden in das Land der Sage einzuführen.

Es labt uns das Bild und die Frische des Abends, aber endlich haben wir abgeschlossen mit der Landschaft und fühlen ein leises Unbehagen über das Schweigen unseres Führers, an dessen Seite wir doch Platz genommen um bequemerer Unterhaltung willen. Die vordersten Hügelpartien liegen bereits hinter uns, wir müssen bald halben Weges sein, aber er schweigt noch immer. …

Und so rollen wir weiter in den stillen Abend hinein, dessen allerstillste Stelle unser Wagen zu werden droht. Ich will aber dies Schweigen unterbrechen, es koste, was es wolle, und so fahr ich denn fort:

»Es soll hier eine große Schlacht gewesen sein. Hier hinter den Bergen. Ich glaube, sie nennen es das ›rote Land‹.«

Er nickte mit dem Kopfe.

»Nun sagen Sie mir: Ist denn das Land noch immer rot?«

»So rot«, antwortete er halb wie im Echo und machte dabei eine Handbewegung, als ob er sagen wollte: »Lieber Herr, sprechen wir *davon* lieber nicht.«

Nichtsdestoweniger hatte diese Frage das Eis gebrochen, ich sah es an seiner veränderten Haltung, und mit der Rechten auf die quadratmeilenweite Umgebung deutend, fuhr ich fort: »Sie müssen sehr reich gewesen sein … Ich meine die Uchtenhagens.«

Er sah unter seinem Mützenschirm zu mir auf, ein halb wehmütiges Lächeln flog über sein Gesicht, und er wiederholte auch jetzt nur meine Worte: »… *sehr* reich … *sehr*!«

Es war ersichtlich, dass er einen Nachsatz machen wollte, ihn aber rücksichtsvoll verschwieg. Ich kam ihm also auf halbem Wege entgegen und ergänzte:

»Sehr reich; aber *wie*?«

Dies Wort schien ihm Gewissheit zu geben, dass ich einer von dem romantischen Geheimbund sein müsse, der nach Art anderer Geheimbünde zwar

seine nicht ausgesprochenen, aber nichtsdestoweniger ganz bestimmten Erkennungszeichen hat. Er wusste nun, dass er sprechen dürfe, ohne Furcht vor Profanation*.

Und er wartete auch keine weitere Frage ab, rückte vielmehr vertraulich näher und sagte: »Wissen Sie denn, was sich die Kiezer hier erzählen? Da war hier in Freienwalde, in der Uchtenhagen'schen Zeit, ein Böttcher**, der wohnte neben dem Kirchhof und hieß Trampe. Das Wasser stand damals bis an die Stadt heran, und zwischen Trampes Haus und dem Wasser lag bloß der Kirchhof. Eines Nachts hörte nun Trampe ein Knurren und Winseln, und er trat ans Fenster, um zu sehen, was es sei. Er sah aber nichts als den Vollmond, der am Himmel stand. Er legte sich also wieder nieder und warf sich eben auf die rechte Seite, da hörte er seinen Namen rufen: ›Trampe‹, dreimal. Und dann wurd es wieder still. Und in der nächsten Nacht ebenso. Trampe meinte nicht anders, als er werde nun sterben müssen, und er ergab sich auch in sein Schicksal und dachte: ›Wenn es wieder ruft, dann wirst du folgen, es sei, wohin es sei.‹ Und in der dritten Nacht rief es wieder. Trampe trat nun auf den Kirchhof hinaus, und als er sich umsah, war es ihm, als liefe was wie ein Hund zwischen den Gräbern hin und her. Er konnt es aber nicht genau sehen, denn das Kirchhofsgras stand sehr hoch. Trampe folgte der Spur, die nach der Wasserseite des Kirchhofs ging, und als er an den Strom kam, sah er einen Kahn, der mit dem Vorderteil im Wasser und mit dem Hinterteil auf dem Trocknen lag. An der äußersten Spitze des Kahns aber stand ein schwarzer Pudel mit zwei Feueraugen und sah Trampen so an, dass dieser dachte, hier ist Einsteigen das Beste. Und kaum dass er saß, so fuhr der Kahn, als ob er von hundert Händen geschoben würde, wie ein Pfeil in den Fluss hinein und über das Wasser fort.«

Hier unterbrach sich der Erzähler einen Augenblick, um mir die Linie zu beschreiben, die der Kahn damals gezogen haben müsse, und fuhr dann fort:

»Keiner steuerte, keiner führte das Ruder, aber der Kahn ging links und rechts, immer wie der Pudel den Kopf drehte; so kamen sie bis an den Schlossberg. Der Kahn lief jetzt auf, beide sprangen ans Ufer und stiegen bergan. Inzwischen war es dunkel geworden, der Mond war unter; aber ob nun der Hund rückwärts bergan lief oder ob er den Kopf nach hinten zu gedreht hatte, so viel ist gewiss, Trampe sah immer die zwei Feueraugen vor sich, die ihm bis oben

* Entweihung, auch Enthüllung eines Geheimnisses.
** Handwerker, der hölzerne Gefäße herstellt.

hinauf den Weg zeigten. Und als er nun in den Burghof trat, standen da wohl hundert Fässer, alle voll Gold. Das war so blank, dass es im Dunkeln blitzte. Das Schloss selbst aber lag in Nacht, und nur mitunter glühten die Fenster auf, und allerlei Gestalten wurden sichtbar, Ritter und Edelfräulein, die kicherten und lachten. Dahinter klang es dann wie Tanzen und leise Musik. Trampe sah und horchte. Aber nicht lange, so trat ein Ritter an ihn heran, legte ihm eine schwere Hand auf die Schulter und fragte, ›ob er der Böttcher aus Freienwalde sei‹. Und als Trampe bejaht hatte, befahl er ihm, die Fässer zuzuschlagen: ›Das dreizehnte Fass ist für dich.‹ Und nun ging Trampe an die Arbeit und schlug alle Fässer zu. Das dreizehnte aber, das er vorsichtig gleich beiseitegestellt hatte, rollte er den Berg hinunter. Er war nun fertig und wollte wieder gehn. Da fuhr es ihm mit eins durch den Kopf, ›ob nicht der Ritter *jedes* dreizehnte Fass gemeint haben könnte‹, und als er noch so dachte, rollte er auch schon heimlich ein zweites Fass bergab. Als er aber unten ankam, lag nur *ein* Fass da. ›Hm‹, dachte Trampe, ›wirst es noch mal versuchen‹; und stieg wieder bergauf und rollte ein drittes Fass hinunter. Und sehen Sie, das war es ja grade, was sie gewollt hatten, und als er wieder unten war, war alles verschwunden, auch das erste Fass, und nur an der Vorderspitze des Kahns saß wieder der Pudel und sagte: ›Trampe, du hast verspielt.‹ Das ärgerte Trampen, und er dachte, als sie zurückfuhren: ›Das soll dir auch nicht wieder passieren.‹ Ist ihm auch nicht wieder passiert, denn die Uchtenhagens haben ihn nie wieder holen lassen, wenn sie einen brauchten, um ihre Fässer zuzuschlagen.«

DIE BRÜCK AM TAY
(28. Dezember 1879)[*]

> When shall we three meet again.[**]
> *Macbeth*

»Wann treffen wir drei wieder zusamm?«
  »Um die siebente Stund, am Brückendamm.«
   »Am Mittelpfeiler.«
        »Ich lösche die Flamm.«
»Ich mit.«

   »Ich komme von Norden her.«
»Und ich von Süden.«
       »Und ich vom Meer.«

»Hei, das gibt einen Ringelreihn,
 Und die Brücke muss in den Grund hinein.«

»Und der Zug, der in die Brücke tritt
 Um die siebente Stund?«
      »Ei, der muss mit.«
»Muss mit.«

   »Tand, Tand,
Ist das Gebilde von Menschenhand!«

———

[*] Am 28. Dezember 1879 stürzte während eines Unwetters die
Brücke über den Firth of Tay (an der Ostküste Schottlands) ein,
als gerade ein Zug darüberfuhr. Alle Reisenden fanden den Tod.
[**] »Wann treffen wir drei wieder zusammen?« Zitat aus William
Shakespeares Tragödie »Macbeth«.

Auf der *Norderseite*, das Brückenhaus –
Alle Fenster sehen nach Süden aus,
Und die Brücknersleut, ohne Rast und Ruh
Und in Bangen sehen nach Süden zu,
Sehen und warten, ob nicht ein Licht
Übers Wasser hin »ich komme« spricht,
»Ich komme, trotz Nacht und Sturmesflug,
Ich, der Edinburger Zug.«

Und der Brückner jetzt: »Ich seh einen Schein
Am anderen Ufer. Das muss er sein.
Nun, Mutter, weg mit dem bangen Traum,
Unser Johnie kommt und will seinen Baum,
Und was noch am Baume von Lichtern ist,
Zünd alles an wie zum Heiligen Christ,
Der will heuer *zweimal* mit uns sein, –
Und in elf Minuten ist er herein.«

———

Und es war der Zug. Am *Süder*turm
Keucht er vorbei jetzt gegen den Sturm,
Und Johnie spricht: »Die Brücke noch!
Aber was tut es, wir zwingen es doch.
Ein fester Kessel, ein doppelter Dampf,
Die bleiben Sieger in solchem Kampf,
Und wie's auch rast und ringt und rennt,
Wir kriegen es unter: das Element.

Und unser Stolz ist unsre Brück;
Ich lache, denk ich an früher zurück,
An all den Jammer und all die Not
Mit dem elend alten Schifferboot;
Wie manche liebe Christfestnacht
Hab ich im Fährhaus zugebracht,
Und sah unsrer Fenster lichten Schein,
Und zählte, und konnte nicht drüben sein.«

Auf der Norderseite, das Brückenhaus –
Alle Fenster sehen nach Süden aus,
Und die Brücknersleut ohne Rast und Ruh
Und in Bangen sehen nach Süden zu;
Denn wütender wurde der Winde Spiel,
Und jetzt, als ob Feuer vom Himmel fiel',
Erglüht es in niederschießender Pracht
Überm Wasser unten … Und wieder ist Nacht.

———

»Wann treffen wir drei wieder zusamm?«
　　»Um Mitternacht, am Bergeskamm.«
　　　　»Auf dem hohen Moor, am Erlenstamm.«

»Ich komme.«
　　　　»Ich mit.«

　　　　　　»Ich nenn euch die Zahl.«
»Und ich die Namen.«
　　　　　　»Und ich die Qual.«

»Hei!
　　Wie Splitter brach das Gebälk entzwei.«

　　　　»Tand, Tand,
Ist das Gebilde von Menschenhand.«

DER WETTERSEE

Die Sonne sinkt in den Wettersee;
Da steigt – mit dem Neck und der Wasserfee –
Von Gold und Rubin, aus des Sees Gruft,
Ein Schloss an die abendgerötete Luft.

Der Mond geht auf und es blassen Rubin
Und Gold zu Silber und Aquamarin,
Und hervor aus dem Schloss und hinaus zum Tanz
Lockt die Nixen der Mondesglanz.

Teichrosen flechten sie, draußen im Saal,
Um Stirn und Nacken sich allzumal,
Als bangte jede, des Mondes Licht
Selbst könne bräunen ihr Angesicht.

Dann schlingen sie Tänze, dann tönt ihr Gesang
Zu Neckens melodischem Saitenklang,
Bis blasser das scheidende Mondlicht blinkt
Und Schloss und Neck und Nixe versinkt.

――――

Nun baut ihren finstern Palast die Nacht,
Da heult es im Walde, da knickt es und kracht, –
Ihren Renner, zottig und grau,
Reitet zur Tränke die Heidefrau.

Ihr Ross ist ein Wolf, schnell wie der Wind,
Blindschleichen die Zügel des Renners sind,
Eine Natter ist Peitsche, ein Igel ist Sporn,
So jagt sie herbei durch Dickicht und Dorn.

Wetteifernd funkelt das Katzengrau
Der Augen von Wolf und Heidefrau,
Man sieht, bei solchem Blitzen und Sprühn,
Die lechzende Zunge des Wolfes glühn.

Er trinkt aus dem See, dann lenkt er den Schritt,
Und am Ufer entlang geht der nächtliche Ritt,
Bis früh am Morgen, statt Neck und Fee,
Fischer durchfurchen den Wettersee.

DIE DIEBE

Die folgende Geschichte ereignete sich im Dezember 1812 in einem Dorf im Oder-
bruch. Das Land ist seit Jahren von den Truppen Napoleons besetzt, aber nun regt
sich überall Widerstand gegen die französischen Besatzer, die als Marodeure die
Bevölkerung terrorisieren und dabei von einheimischem Gesindel »unterstützt«
werden. Auf dem Gut Hohen-Vietz hat die Familie gerade Weihnachten gefeiert.
Lewin, der Sohn, ist aus Berlin gekommen und hat seinen Freund Tubal und dessen
Schwester Kathinka mitgebracht. Und während man im Dorfkrug tanzt, haben sich
Lewins Schwester Renate, ihre Freundin Marie und Kathinka im einsamen Gutshaus
zurückgezogen …

Als es dunkelte, wurd es still in Hohen-Vietz, weil Alt und Jung zu Tanz und
festlichem Beisammensein im Scharwenka'schen Krug sich putzte, und erst um
die sechste Stunde, als von den ausgebauten Losen her, die zum Teil weit ins
Bruch hineinlagen, Wagen und Schlitten unter Peitschenknall und Schellenge-
läut herangefahren kamen, war es mit dieser Stille wieder vorbei.

Auch auf dem Herrenhofe rüstete sich alles zum Aufbruch, Herrschaft und
Dienerschaft, und wer eine halbe Stunde nach Beginn des Tanzes von der Dorfstraße her auf die lange Front des Vitzewitz'schen Wohnhauses geblickt hätte,
hätte nur an zwei Fenstern Licht gesehen. Diese zwei Fenster lagen neben der
Amts- und Gerichtsstube und zogen die Aufmerksamkeit nicht bloß dadurch
auf sich, dass sie die einzig erleuchteten waren, sondern mehr noch durch das
dunkele Weingeäst, das sich von dem starken Spalier aus in zwei, drei phantas-
tischen Linien quer über die Lichtöffnung ausspannte. Hinter diesen Fenstern,
an einem mit einem roten Stück Fries überdeckten Sofatisch, saßen Renate und
Kathinka, zu denen sich seit einer Viertelstunde, um den Abend mit ihnen zu
verplaudern, auch Marie gesellt hatte. Allen dreien, selbst Kathinka nicht aus-
geschlossen, war es eine herzliche Freude, sich einmal allein und ganz unter
sich zu wissen, und um diese Freude noch zu steigern, hatten sie sich aus dem
großen Gesellschaftszimmer des Erdgeschosses in diese viel kleinere Stube des
ersten Stockes zurückgezogen. …

Als es neun schlug, erhob sich Renate und schritt auf eine Rokokokommode
zu, auf deren überall ausgesprungener Perlmutterplatte Maline, ehe sie das Haus

verließ, ein großes Cabaret* mit kaltem Aufschnitt samt Tischzeug und Teller gestellt hatte.

Das Sofa und die Kommode standen an derselben Wand, und zwischen ihnen war nur der Raum frei, wo sich die früher aus diesem Fremdenzimmer in die Amts- und Gerichtsstube führende Tür befunden hatte. Diese Türstelle, weil nur mit einem halben Stein zugemauert, bildete eine flache Nische und war deutlich erkennbar.

Renate, in ihrer Plauderei fortfahrend, war eben – während Kathinka die Lampe aufhob – im Begriff, das Cabaret, das nach damaliger Sitte in einer Holzeinfassung stand, auf den Tisch zu setzen, als sie etwas klirren hörte.

Sie sah die beiden anderen Mädchen an. »Hörtet ihr nichts?«

»Nein.«

»Es klirrte etwas.«

»Du wirst mit dem Cabaret an die Teller gestoßen haben.«

»Nein, es war nicht hier, es war nebenan.«

Damit legte sie das Ohr an die Wand, da, wo die vermauerte Tür war.

»Wie du uns nur so erschrecken konntest«, sagte Kathinka. Aber ehe sie noch ausgesprochen hatte, hörten alle drei deutlich, dass in dem großen Nebenzimmer ein Fensterflügel aufgestoßen wurde. Gleich darauf ein Sprung, und dann vorsichtig tappende Schritte, vielleicht nur vorsichtig, weil es dunkel war. Es schienen zwei Personen. Und in dem weiten Hause niemand außer ihnen, keine Möglichkeit des Beistandes; sie ganz allein. Marie flog an die Tür und riegelte ab; Kathinka, ohne sich Rechenschaft zu geben, warum, schraubte die Lampe niedriger. Nur noch ein kleiner Lichtschimmer blieb in dem Zimmer.

Renate legte wieder das Ohr an die Wand. Nach einer Weile hörte sie deutlich den scharfen, pinkenden Ton, wie wenn mit Stahl und Stein Feuer angeschlagen wird; sie horchte weiter, und als der Ton endlich schwieg, war ihre Phantasie so erregt, dass sie wie hellsehend alle Vorgänge im Nebenzimmer zu verfolgen glaubte. Sie sah, wie der Schwamm angeblasen wurde, wie der Schwefelfaden brannte und wie die beiden Einbrecher, nachdem sie auf dem Schreibtisch umhergeleuchtet, das Wachslicht anzündeten, mit dem der Vater die Briefe zu siegeln pflegte. Alles war Einbildung, aber einen Lichtschein, während sie den Kopf einen Augenblick zur Seite wandte, sah sie jetzt wirklich,

* Servierbrett, mit Fächern oder Schüsseln versehene Speiseplatte.

einen hellen Schimmer, der von der Amtsstube her auf das Schneedach des alten gegenübergelegenen Wohnhauses fiel und von dort über den dunkelen Hof hin zurückgeworfen wurde.

Die Mädchen sprachen kein Wort; alle unter der unklaren Vorstellung, dass Schweigen die Gefahr, in der sie sich befanden, verringere. Sie reichten sich die Hand und lugten nach der Auffahrt und, soweit es ging, nach der Dorfgasse hinüber, von der allein die Hilfe kommen konnte.

Nebenan war es mittlerweile wieder lebendig geworden. Es ließ sich erkennen, dass sich die Strolche sicher fühlten. Sie warfen ein Bündel Nachschlüssel wie mit absichtlichem Lärmen auf die Erde und fingen an, sich an der großen, neben der Tür stehenden Truhe, darin das Geld und die Dokumente lagen, zu schaffen zu machen. Sie probierten alle Schlüssel durch, aber das alte Vorlegeschloss widerstand ihren Bemühungen.

Ein Fluch war jetzt das erste Wort, das laut wurde; dann sprangen sie, die bis dahin größerer Bequemlichkeit halber vor der Truhe gekniet haben mochten, wieder auf und begannen, wenn der Ton nicht täuschte, an der inneren, die beiden Stuben voneinander trennenden Wand hin auf den Realen umherzusuchen. Sie rissen die Bücher in ganzen Reihen heraus und fegten, als sie auch hier nichts ihnen Passendes entdeckten, mit einer einzigen Armbewegung den Sims ab, so dass alles, was auf demselben stand: chinesische Vase, Büste, Dragonerkasketts*, mit lautem Geprassel an die Erde fiel. Ihre Wut schien mit der schlechten Ausbeute zu wachsen, und sie rüttelten jetzt an der alten Tür, die nach dem Korridor hinausführte. Wenn sie nachgab!

Die Mädchen zitterten wie Espenlaub. Aber das schwere Türschloss widerstand, wie vorher das Truhenschloss widerstanden hatte.

Die Gefahr schien vorüber; noch ein Tappen, wie wenn in Dunkelheit der Rückzug angetreten würde; dann alles still.

Renate atmete auf und schritt auf den Tisch zu, um die Lampe wieder höherzuschrauben; aber im selben Augenblicke fuhr sie zurück; sie hatte deutlich einen Kopf gesehen, der von der Seite her sich vorbeugte und in das Zimmer hineinstarrte.

Keines Wortes mächtig und nur mühsam an der Sofalehne sich haltend, wies sie auf das Fenster, vor dem jetzt wie ein Schattenriss eine Gestalt stand, die

---

* Helm der Dragoner (einer Reitertruppe).

mit der Linken an dem Weingeäst sich klammerte, während die mit einem Fausthandschuh überzogene Rechte die Scheibe eindrückte und nach dem Fensterriegel suchte, um von innen her zu öffnen.

Alle drei Mädchen schrien laut auf und stoben auseinander; Kathinka, aller sonstigen Entschlossenheit bar, faltete die Hände und versuchte zu beten, Renate riss an der Klingelschnur, gleichgiltig gegen die Vorstellung, dass niemand da sei, die Klingel zu hören, während Marie, von äußerster Angst erfasst, in die Gefahr hineinsprang und, ohne zu wissen, was sie tat, zu einem Stoß gegen die Brust des Draußenstehenden ausholte. Aber ehe der Stoß traf, knackte und krachte die Spalierlatte, und die dunkle Gestalt draußen stürzte auf den Schnee des Hofes nieder.

Keines der Mädchen wagte es, einen Blick hinauszutun, aber sie hörten jetzt deutlich den Ton der Flurglocke, die Renate fortfuhr zu läuten, und gleich darauf das Anschlagen eines Hundes. Es war ersichtlich, dass Hektor seine neben der Herdwand liegende warme Binsenmatte dem Tanzvergnügen im Krug vorgezogen und, ohne dass jemand davon wusste, das Haus gehütet hatte. Er stand jetzt unten auf der Flurhalle, unsicher, was das Läuten meine, und sein Bellen und Winseln schien zu fragen: wohin? Aber er sollte nicht lange auf Antwort warten. Renate, die Tür öffnend, rief mit lauter Stimme den Korridor hinunter: »Hektor!«, und ehe noch der Ton in dem langen Gange verklungen war, hörte sie das treue Tier, das in mächtigen Sätzen treppan sprang und im nächsten Augenblicke schon der jungen Herrin seine Pfoten auf die Schulter legte. Jegliche Angst war jetzt von ihr abgefallen; sie fasste mit der Linken das Halsband des Hundes, um Halt und Stütze zu haben, und flog dann mit ihm treppab über den Hof hin. Als sie eben von der Auffahrt her in die Dorfgasse einbiegen wollte, stand der alte Vitzewitz vor ihr.

»Gott sei Dank, Papa – Diebe – komm!«

Im nächsten Augenblick war der Alte in dem Zimmer oben, wo sich Kathinka weinend an seinen Hals warf, während Marie ihm mit noch zitternden Lippen die Hände küsste.

Der andere Morgen sah die Familie samt ihren Gästen wie gewöhnlich im Eckzimmer des Erdgeschosses versammelt. Nur Renate fehlte; sie hatte Fieber, und ein Bote war bereits unterwegs, um den alten Doktor Leist von Lebus herbeizuholen. Das Gespräch drehte sich natürlich um den vorhergehenden Abend, und

Kathinka, die sich in übertriebener Schilderung ihrer ausgestandenen Angst gefiel, suchte hinter Selbstpersiflierung ein Gefühl gekränkter Eitelkeit, das sie nicht loswerden konnte, zu verstecken. Sie geriet dabei in einen halb scherzhaften Ton, der aber dem alten Vitzewitz durchaus nicht zuzusagen schien. Er schüttelte den Kopf und wurde seinerseits immer ernster.

Aus den Einzelheiten der Unterhaltung war so viel zu ersehen, dass Berndt, um den Tanz im Kruge nicht zu stören, alles Alarmschlagen verboten, selbst ein Revidieren der Amts- und Gerichtsstube hinausgeschoben und sich damit begnügt hatte, Hof und Park durch einen aus Kutscher Krist und Nachtwächter Pachaly gebildeten Wachtposten abpatrouillieren zu lassen. Jeetze, der sich auch dazu gemeldet hatte, war wegen Alter und Hinfälligkeit und unter Anerkennung seines guten Willens zu Bette geschickt worden.

Es schlug neun, als unser Freund Kniehase, der erwartet war, von der Auffahrt her über den Hof kam. Tubal und Lewin, die am Fenster standen, sahen und grüßten ihn. Gleich darauf meldete Jeetze: »Schulze Kniehase.«

»Soll eintreten.«

Berndt ging ihm entgegen, gab ihm die Hand und schob einen Stuhl an den Tisch.

»Setzen Sie sich, Kniehase. Was wir zu besprechen haben, ist kurz und kein Geheimnis. Kathinka, bleib! Es kommt alles schneller, als ich erwartete, aber vorbereitet oder nicht, wir dürfen nichts hinausschieben. Es ist keine Stunde zu verlieren, wir müssen wissen, wen wir vor uns haben. Unser eigenes Gesindel hätte sich nicht an Hoppenmarieken gemacht. Ich bleibe dabei, es ist fremdes Volk; Marodeurs von der Grenze.«

Kniehase schüttelte den Kopf.

»Gut, ich weiß, dass Sie anders denken. Es wird sich zeigen, wer recht hat, Sie oder ich. Auf wie viel Leute können wir rechnen? Haben wir zehn oder zwölf, so rücken wir aus. Heute noch, gleich.«

»Bis auf zehn werden wir kommen, wenn der gnädige Herr sich selber mitrechnen und die jungen Herren. Ich habe Nachtwächter Pachaly auf die Lose geschickt, zu Schwartz und Metzke und auch zu Dames, das sind die Jüngsten. Aber er kann vor Mittag nicht wieder da sein. Wir müssen also nehmen, was wir hier im Dorfe finden.«

»Und das sind?«

»Nicht viele.«

»Kümmritz?«

»Kann nicht, hat wieder das Reißen.«

»Müller Miekley?«

»Der will nicht. Er hat etwas von Aufstand gehört und von Kriegführen ohne den König, das hat ihn stutzig gemacht: ›Wer das Schwert nimmt, der soll durch das Schwert umkommen.‹ Wir müssen uns hinter Uhlenhorst stecken, der hat die Altlutherischen in der Tasche.«

»Und Kallies?«

»Der will, aber ich kenne ›Sahnepott‹, er hat das Zittern und kann kein Blut sehen.«

»Nun, denn Krull und Reetzke?«

»Ja, die kommen, und Dobbert und Roloff auch, das sind vier Gute. Und dann die beiden Scharwenkas, der Alte und der Jungsche, und auch Hanne Bogun, der Scharwenka'sche Hütejunge.«

»Der Hütejunge?«, fragte Lewin, »er hat ja nur einen Arm.«

»Aber vier Augen, junger Herr, den müssen wir haben. Er sieht wie ein Habicht und klettert.«

»Gut, Kniehase, so wären wir unser zehn. Es muss ausreichen für eine erste Suche, und nun wollen wir, ehe die Bauern kommen, die Amtsstube revidieren; vielleicht, dass wir etwas finden, das uns einen Fingerzeig gibt.«

Sie stiegen in das erste Stockwerk, auch Kathinka folgte, dem alten Schulzen, neben dem sie ging, auf Flur und Treppe vorplaudernd, dass seine Pflegetochter die mutigste von ihnen und zugleich die erste Ursach ihrer Rettung gewesen sei.

So waren sie, der alte Vitzewitz immer um ein paar Schritte vorauf, bis an die Türe der Amtsstube gekommen, die sie jetzt nicht ohne ein gewisses und, wie sich im nächsten Augenblicke zeigen sollte, nur allzu gerechtfertigtes Grauen öffneten. Eine grenzenlose Verwüstung starrte ihnen entgegen; Bücher und Scherben, alles durcheinander, über das ganze Zimmer hin Flecke von abgetropftem Wachs, und auf der Platte des großen Schreibtisches ein Brandfleck, von dem Schwamm oder Schwefelfaden herrührend, den die Strolche hier sorglos aus der Hand geworfen hatten. Neben der Truhe lag noch ein Stemmeisen und auf dem Fensterbrett ein dicker, halb zerrissener Fausthandschuh.

Es waren nicht Gegenstände, die, wie sie auch von Hand zu Hand gingen, auf eine bestimmte Spur hätten hindeuten können, und so in gewissem Sinne enttäuscht, schritten alle wieder in das Erdgeschoss zurück, wo sie jetzt die Bauern samt dem jungen Scharwenka und Hanne Bogun, dem Hütejungen, bereits versammelt fanden. Es wurde beschlossen, zunächst auch noch den Hof abzusuchen oder wenigstens die Stelle, von wo aus der Einbruch ausgeführt worden war. Hier stand noch die vom Wirtschaftshof herbeigeschleppte Leiter, deren sich die Diebe bedient hatten. Lewin stieg die Sprossen hinauf und revidierte das äußere Fenstersims, während Tubal und der junge Scharwenka unten im Schnee nachforschten; aber selbst von den zahlreichen Fußstapfen, die, um den Giebel des Hauses herum, nach der Parkallee und dem Parke selber führten, konnte schließlich nicht festgestellt werden, ob sie von den Dieben oder von Krist und Pachaly herrührten.

»So geben wir es auf«, sagte Berndt, »und sehen, ob wir auf Gorgast und Manschnow zu etwas finden.«

Jeetze brachte die Flinten, und der abmarschierende Männertrupp war eben im Begriff, vom Hofe her auf die Dorfgasse zu treten, als sie hinter sich einen Schäferpfiff hörten und, sich wendend, des Scharwenka'schen Hütejungen ansichtig wurden, der, vorläufig noch zurückgeblieben, mittlerweile die Leiter von dem Amtsstubenfenster an das Fenster der Nebenstube gestellt und auf eigene Hand weitergesucht hatte.

Er winkte jetzt lebhaft mit dem losen Ärmel seines Stummelarmes und gab Zeichen, aus denen sich schließen ließ, dass er einen Fund gemacht habe.

Die Männer kehrten um. Als sie dicht heran waren, hielt ihnen Hanne Bogun einen Messingknopf entgegen.

»Wo lag er?«, fragte der alte Vitzewitz in lebhafter Erregung.

Der Hütejunge, ohne Antwort zu geben, sprang wieder die Leiter hinauf und legte den Knopf auf dieselbe Stelle, von wo er ihn weggenommen hatte. Es war das Querholz, das dicht unter dem Fenster hinlief, und so konnte nicht wohl ein Zweifel sein, dass bei dem Zusammenbrechen des unteren Spaliers die scharfe Kante der oberen Latte den Knopf abgestreift hatte. Er war von einer französischen Uniform. In der Mitte ein N, während der Rand der Innenseite die Umschrift zeigte: 14e Rég. de ligne[*].

Berndt triumphierte, seine Vermutungen schienen sich bestätigen zu sollen, die Bauern stimmten ihm bei. Nur Kniehase schüttelte nach wie vor den Kopf.

[*] 14. Linienregiment.

Es kam aber zu weiter keinen Auseinandersetzungen, und nachdem der Knopf reihum gegangen war, brachen alle wieder auf. Der Hütejunge, der zwei Jagdtaschen trug, folgte.

Sie hielten zunächst die große Straße in der Richtung auf Küstrin zu. Als sie bis zu der Stelle gekommen waren, wo vor zwei Tagen Hoppenmarieken angefallen und fast erwürgt worden war, bogen sie rechts ab auf dasselbe Wäldchen zu, von dem aus Tubal und Lewin ihren Wettlauf über den verschneiten Sturzacker hin gemacht hatten. Die Bauern kannten aber ihr Terrain besser und wählten einen festgetretenen Fußweg, der auf die Mitte des Gehölzes zulief.

Hier angekommen, wurde beratschlagt, ob man dasselbe absuchen solle. Der alte Scharwenka, der seit fünfundzwanzig Jahren immer nur in einem hohen Federbett geschlafen hatte, hielt es für unmöglich, dass man bei zwölf Grad Kälte unter freiem Himmel nächtigen und sich mit einer Zudecke von Schneeflocken behelfen könne; Kniehase war aber anderer Meinung und setzte, sich auf seine Feldzugserfahrungen berufend, auseinander, dass es nichts Wärmeres gebe als eine mit Stroh ausgelegte Schneehütte. Daraufhin wurde denn das Absuchen beschlossen; aber sie kamen bis an den jenseitigen Rand, ohne das Geringste gefunden zu haben. Nirgends weggeschaufelter Schnee, kein Reisig, keine Feuerstelle.

Man musste sich nun schlüssig machen, ob man sich auf das diesseitige, zwischen Gorgast, Manschnow und Rathstock gelegene Terrain beschränken oder aber zugleich auch auf das andere Flussufer übergehen und die ganze Strecke von den Küstriner Pulvermühlen an bis zum Entenfang und vom Entenfang bis Kirch-Göritz hin abpirschen wolle. Man entschied sich für das Letztere, so dass im Wesentlichen dieselben Punkte berührt werden mussten, an denen Tubal und Lewin, als sie den Doktor Faulstich besuchten, auf ihrem Hin- und Rückwege vorübergekommen waren. Dies festgestellt, einigte man sich dahin, dass, um größerer Bequemlichkeit willen, die Mannschaften in zwei, nach rechts und links hin abmarschierende Trupps geteilt werden sollten, was – wenn nichts vorfiel und an vorausbestimmter Stelle richtig eingeschwenkt wurde – zu einem Mittagsrendezvous in Nähe des Neu-Manschnower Vorwerks führen musste. Den einen Trupp führte Kniehase, den anderen Berndt. Bei diesem Letzteren waren, außer Tubal und Lewin, der junge Scharwenka und Hanne Bogun, der Hütejunge.

Der Berndt'sche Trupp hielt sich rechts. Um einen freien Überblick zu haben, gaben sie den am diesseitigen Abhang sich hinschlängelnden Fußpfad auf und erstiegen die Höhe. Das Wetter war klar, aber nicht sonnig, so dass kein Flimmern die Aussicht störte. Berndt und Tubal hatten einen Vorsprung von fünfzig Schritt und waren alsbald in einem Gespräch, das selbst die Aufmerksamkeit des Ersteren mehr als einmal von den Außendingen abzog. …

Auch Lewin und der junge Scharwenka plauderten lebhaft. Sie waren gleichaltrig, weshalb denn auch Lewin, dem Wunsche des alten Spielkameraden nachgebend, das ehemalige »Du« beibehalten hatte. Hanne Bogun schritt pfeifend hinter ihnen und unterhielt sich damit, Vogelstimmen nachzuahmen. …

Unter solchem Geplauder, das den mitteilsamen Krügerssohn* ganz und gar und den ihm zuhörenden, meist nur Fragen stellenden Lewin wenigstens halb in Anspruch genommen hatte, hatten beide junge Männer nicht darauf geachtet, dass das Pfeifen hinter ihnen still geworden war. Als sie sich von ungefähr umwandten, sahen sie den eine gute Strecke zurückgebliebenen Hanne Bogun, wie er, die beiden Jagdtaschen von der Schulter streifend, eben im Begriff stand, eine Kiefer zu erklettern, die sich nach oben hin in zwei weit voneinander stehende Äste teilte. Es war dies der höchste Punkt der ganzen Gegend, und die

* Krüger: alte Bezeichnung für Gastwirt.

Absicht des Hütejungen, von hier aus Umschau zu halten, lag klar zutage. Aber jede Betrachtung über das, was er wolle oder nicht wolle, ging in dem Schauspiel unter, das ihnen jetzt die Klettergeschicklichkeit des Einarmigen gewährte. Er klemmte den Stumpf fest, als ob er den Arm selbst gar nicht vermisse, und geschickt die am schlanken Stamm hin kurz abgebrochenen Aststellen benutzend, auf denen er sich wie auf Leitersprossen ausruhte, war er noch eher oben, als die beiden jungen Männer den Weg bis zu der Kiefer hin zurückgelegt hatten.

»Was gibt es, Hanne?«

Er machte von der Gabel aus, in der er jetzt stand, eine Handbewegung, als ob er nicht gestört sein wolle, und sah dann erst die Flussufer auf- und abwärts, zuletzt auch ins Neumärkische hinüber. Er schien aber nichts zu finden und glitt, nachdem er sein Auge den ganzen Kreis nochmals hatte beschreiben lassen, mit derselben Leichtigkeit wieder hinab, mit der er fünf Minuten vorher hinaufgestiegen war.

Er blieb nun, während die beiden jungen Männer rasch weiterschritten, in gleicher Linie mit ihnen und gab auf die kurzen Fragen, die Lewin von Zeit zu Zeit an ihn richtete, noch kürzere Antworten.

»Nun, Hanne, was meinst du, werden wir sie finden?«

Der Hütejunge schüttelte den Kopf in einer Weise, die ebenso gut Zustimmung wie Zweifel ausdrücken konnte.

»Ich begreife nicht, dass die Gorgaster und Manschnower ihnen nicht besser aufpassen. Es gibt doch hier keine Schlupfwinkel, kaum ein Stückchen Wald; dabei liegt Schnee. Ich glaube, sie haben ihre Helfershelfer; sonst müsste man doch endlich Bescheid wissen.«

»Manch een mack et wol weeten?«[*], sagte der Hütejunge.

»Ja, aber wer ist ›manch een‹?«

Der Hütejunge lächelte pfiffig vor sich hin und fing wieder an, eine Vogelstimme nachzuahmen, vielleicht aus Zufall, vielleicht auch, um eine Andeutung zu geben.

»Du machst ja ein Gesicht, Hanne, als ob du etwas wüsstest. An wen denkst du?«

Hanne schwieg.

[*] Jemand wird es schon wissen.

»Es soll dein Schaden nicht sein. Nicht wahr, Scharwenka, wir kaufen ihm eine Pelzmütze und hängen ihm einen blanken Groschen an die Troddel! Nun, Hanne, wer ist ›manch een‹?«

Hanne schritt ruhig weiter, sah nicht links und nicht rechts und sagte vor sich hin: »Hoppenmarieken.«

Lewin lachte. »Natürlich, Hoppenmarieken muss alles wissen. Was ihr die Karten nicht verraten, das verraten ihr die Vögel, und was die Vögel nicht wissen, das weiß der Zauberspiegel. Dieselben Kerle, die sie gewürgt haben, werden ihr doch nicht ihren Zufluchtsort verraten haben.«

Der Hütejunge ließ sich aber nicht stören und wiederholte nur mit einem Ausdruck von Bestimmtheit: »Se weet et.«[*]

Während dieses Gespräches hatten alle drei den Punkt erreicht, wo sie, nach der am Wäldchen getroffenen Verabredung, den auf der Höhe laufenden Fußweg aufgeben, nach links hin niedersteigen und über den Fluss gehen mussten. Ihnen gegenüber schimmerte schon der Kirch-Göritzer Turm, aber doch noch gute fünfhundert Schritt nach rechts hin, woran Lewin deutlich erkannte, dass der ihnen zu Füßen liegende, mit jungen Kiefern abgesteckte Weg nicht derselbe war, den er vorgestern mit Tubal passiert hatte, sondern ein Parallelweg, der wahrscheinlich auf die Rathstocker Fähre zuführte.

Der alte Vitzewitz und Tubal waren schon halb hinüber, als Lewin erst in den Kuschelweg einbog. Er sprach nicht, aber desto mehr beschäftigte ihn Hoppenmarieken. Es erschien ihm jetzt hinfällig, was er seinerseits gegen ihre Mitwissenschaft gesagt hatte; Streitigkeiten zwischen Diebsgenossen waren am Ende nichts Ungewöhnliches, und wenn ein Rest von Unwahrscheinlichkeit blieb, so schwand er doch vor der Bestimmtheit, mit der Hanne Bogun sein »Se weet et« ausgesprochen hatte. War doch der Hütejunge, so sagte sich Lewin, zu dieser Bestimmtheit mutmaßlich nur allzu berechtigt. Denn wenn es jemanden auf der Hohen-Vietzer Feldmark gab, der Hoppenmarieken in ihren Schlichen und Wegen nachgehen oder doch ihr Treiben auf der Landstraße, ihre Begegnungen und Tuscheleien beobachten konnte, so war es eben Hanne, der sommerlang das Scharwenka'sche Vieh hütete und entweder in einem ausgetrockneten Graben oder versteckt im hohen Korne lag.

Unter solchen Betrachtungen hatte Lewin die Mitte des Flusses erreicht, der

---

[*] Sie weiß es.

alte Vitzewitz und Tubal waren schon am jenseitigen Ufer und kletterten eben den steilen Rand hinauf. Zur Linken Lewins ging der junge Scharwenka, beide nach wie vor im Schweigen und des Hütejungen nicht achtend, der wieder ein paar Schritte hinter ihnen zurückgeblieben war.

Aber in diesem Augenblick drängte sich Hanne, rasch über das Eis hinschlitternd, an die Seite seines jungen Herrn, zupfte ihn am Rock und sagte, mit seinem losen Ärmel nach links hin zeigend: »Jungschen Scharwenka, kiek eens.«

Des Krügers Sohn blieb stehen, Lewin auch, und beide lugten nun scharf nach der Richtung hin, die ihnen Hanne bezeichnet hatte.

»Ich sehe nichts«, rief Scharwenka und wollte weiter.

Aber Hanne hielt ihn fest und sagte: »Tööf en beten, grad ut, mang de Pappeln; jitzt.«*

Hanne hatte recht gesehen. Zwischen zwei Pappeln, die mitten auf dem Eis zu stehen schienen, wirbelte ein dünner Rauch auf. Dann und wann schwand er, aber im nächsten Augenblicke war er wieder da.

»Jetzt haben wir sie! Wo Rauch ist, ist auch Feuer. Vorwärts!«

Damit bogen beide junge Männer aus dem querlaufenden Kuschelweg in die große, die Mitte des Stromes haltende und für Schlitten und Wagen bequem fahrbare Längsallee ein, während Hanne, zu Meldung des Tatbestandes und mit der Aufforderung umzukehren, an den alten Vitzewitz und Tubal abgeschickt wurde.

Lewin und der junge Scharwenka setzten inzwischen ihren Weg fort, machten aber lange Pausen, bis sie wahrnahmen, dass Hanne die beiden bereits am anderen Ufer Befindlichen eingeholt und ihnen seine Meldung ausgerichtet hatte. Nun schritten auch sie wieder schneller vorwärts. Bald entdeckten sie, dass das, was sie kurz vorher noch für eine mit zwei hohen Pappelweiden besetzte Landzunge gehalten hatten, eine jener kleinen Rohrinseln** war, denen man in der Oder so häufig begegnet. Das einfassende Rohr, wenn auch hier und dort durch die Schneemassen niedergelegt, ließ sich deutlich erkennen; alles aber, was dahinterlag, war durch eben diesen Einfassungsgürtel verborgen.

Sie gaben nun auch die große Längsallee auf, hielten sich halb links und tappten sich durch den außerhalb der Fahrstraße fußhoch liegenden Schnee auf

---

* Wart ein bisschen, geradeaus, unter den Pappeln.
** Von dichtem Schilf umstandene Insel.

die Insel zu. Als sie dicht heran waren, verschwanden ihnen zuerst die Rauch-
wölkchen, bald auch die beiden Pappeln, und im nächsten Augenblicke standen
sie vor dem Schilfgürtel selbst. Lewin wollte den Durchgang forcieren, über-
zeugte sich aber, dass dies unmöglich sei. Auch war es überflüssig. Während
seiner Anstrengungen hatte der junge Scharwenka einen mannsbreiten Gang
entdeckt, der mit der Sichel durch das Rohr geschnitten war; er winkte Lewin
heran, und beide drangen nun vor, nicht ohne Schwierigkeiten, da der Wind
zahllose Halme in den Gang hineingeweht und diesen an manchen Stellen wieder verstopft hatte. Endlich waren sie durch den Rohrgürtel, der eine Tiefe von
fünfzehn Schritt haben mochte, hindurch, und das wenige, was noch verblieb,
als eine Art Schirm benutzend, sahen sie jetzt, von gesicherter Stelle aus, auf das
Innere der Insel.

Das Bild, das sich ihnen bot, war überraschend genug und berührte sie, als
ob sie auf einen leidlich instand gehaltenen Wirtschaftshof blickten. Alles war
von einer gewissen Ordnung und Sauberkeit. Der Schnee lag zusammengefegt
zu beiden Seiten; eine Kuh, die mit dem linken Vorderfuß an eine der beiden
Pappeln gebunden war, nagte von einem durch Strohbänder zusammengehal-
tenen Heubündel, während in der Nähe der anderen Pappel ein hochbepackter
Schlitten stand, der unter seiner mit Stricken umwundenen Segelleinwand den
Ertrag des letzten Fanges bergen mochte.

So der Hof, dessen friedliches Bild nur noch von dem Anblick des als Wohnhaus dienenden Holzschuppens übertroffen wurde. Dieser Holzschuppen, von
beiden Seiten her mit Schnee umkleidet, nicht viel anders, als ob er in einen
Schneeberg hineingebaut worden wäre, schien aus drei Räumen von verschie-
dener Größe zu bestehen. Die beiden kleinen, die als Stall und Küche dienten,
waren offen, während der dritte, größere Raum mit zwei alten Brettern und
einer funkelnagelneuen Tür zugestellt war, deren Klinke, Haspenbeschlag und
roter Ölfarbenanstrich über ihren Gorgaster und Manschnower Ursprung keinen Zweifel gestattete. Vor dem aufgemauerten Herd, auf dem ein mäßiges
Reisigfeuer brannte, stand, mit Abschäumen und Töpferücken beschäftigt, eine
noch junge Frau, dann und wann zu einem Blondkopf sprechend, der auf
einem Futtersack dicht an der Schwelle saß. Als Rauchfang, wie Lewin deutlich
erkennen konnte, diente ein Ofenrohr, das zwei Handbreit über das Schneedach hinausragte. In dem offenen Stalle stand ein Pferd und klapperte mit der
Eisenkette.

»Das ist Müller Krieles Brauner«, sagte Scharwenka.

Beide junge Männer zogen sich nach dieser ihrer Rekognoszierung wieder an den äußeren Rand des Schilfgürtels zurück, um hier auf die Ankunft ihres Sukkurses* zu passen. Sie hatten nicht lange zu warten. Berndt und Tubal, von dem Hütejungen gefolgt, waren bereits dicht heran, und gleich darauf drängten alle fünf, durch den schmalen Gang hin, wieder auf den Punkt zu, von wo aus Lewin und der junge Scharwenka ihre Beobachtungen angestellt hatten. Im Flüstertone wurde Kriegsrat gehalten und das Abkommen getroffen, dass Tubal und Hanne Bogun auf die Frau losspringen, die beiden Vitzewitze samt ihrem Krügerssohn aber in den mit zwei Brettern und der roten Tür zugestellten Raum eindringen sollten.

Es war sehr wahrscheinlich, dass sich die Strolche, um den auf ihren nächtigen Streifzügen versäumten Schlaf wieder einzubringen, hier zur Ruhe niedergelegt hatten; erwies sich diese Voraussetzung aber auch als Irrtum, so hatte man wenigstens die Frau, mit deren Hilfe es nicht schwerhalten konnte, die etwa ausgeflogenen Vögel einzufangen.

* Verstärkung.

78

»Eins, zwei, drei!«, ein Sprung über den Hof hin, und im nächsten Moment schrie die Frau auf, während Berndt und Scharwenka, gefolgt von Lewin (der Bretter und Tür mit leichter Mühe niedergerissen hatte), in den mit Blak- und Branntweindunst angefüllten Raum hineindrängten. Das hell einfallende Tageslicht ließ alles rasch erkennen. An den Wänden, links und rechts hin, standen zwei kienene Bettstellen*, die, wie draußen die rot angestrichene Tür, einst bessere Tage gesehen haben mochten. Jetzt waren sie mit Strohsäcken bepackt, auf und unter denen, in voller Kleidung, zwei Kerle mit übrigens noch mehr gedunsenem als verwildertem Gesicht in festem Schlafe lagen.

»Ausgeschlafen?«, donnerte Berndt und setzte dem an der rechten Wand Liegenden den Kolben auf die Brust.

Der so Angeschriene fuhr sich schlaftrunken über die Augen und starrte dann mit einem Ausdruck, in dem sich Schreck und Pfiffigkeit zu einer Grimasse verzogen, auf den alten Vitzewitz, der, als er den guten Effekt sah, den die Überraschung ausgeübt hatte, das Gewehr wieder ruhig über die Schulter hing und beiden Strolchen zurief: »Macht euch fertig!«

Im Nu waren sie auf den Beinen; beide mittelgroß und Männer von vierzig. Der eine war nach Landessitte in eine dickwollene Tagelöhnerjacke, der andere in einen französischen Soldatenrock gekleidet, beide mit Holzschuhen an den Füßen, aus denen lange Strohhalme heraussahen. Ihren Anzug aufzubessern, dazu war nicht Zeit noch Gelegenheit. Auf einer als Tisch dienenden Kiste stand ein Blaker mit niedergeschweltem Licht; daneben zwei bauchige Flaschen von grünem Glase, drin ein Korbmuster eingedrückt war, auch ein Czako** und eine Filzmütze. Sie bedeckten sich damit, ließen die Flaschen, in denen noch ein Rest sein mochte, in ihre Tasche gleiten und stellten sich dann in eine Art von militärischer Positur, wie um ihre Marschbereitschaft auszudrücken. Berndt machte eine Handbewegung: »Vorwärts!«

Draußen drängte sich der im Soldatenrock an die Seite des jungen Scharwenka und fragte mit einer halben Vertraulichkeit: »Wohenn geiht et?«***

»An den Galgen!«

* Betten aus (Kiefern-)Holz.
** Feld- oder Soldatenmütze.
*** Wohin geht es?

Der Strolch grinste: »Na, Jungschen Scharwenka, so dull sall et ja woll nich wihren!«[*]

»Ihr kennt mich?«

»Wat wihr ick Se nich kennen?[**] Ick bin ja Muschwitz von Großen-Klessin.«

»So, so; und der andere?«

»Rosentreter von Podelzig.«

Der junge Scharwenka warf den Kopf in die Höhe, als ob er sagen wollte: »So sieht er auch aus.« Damit schritten sie über den Hof auf den schmalen Gang zu, der durch das Schilf führte.

Eine halbe Stunde später hatte die kleine Kolonne den vorausbestimmten Rendezvousplatz, das Neu-Manschnower Vorwerk, erreicht. Sie fanden den Kniehase'schen Trupp, der keinen Aufenthalt gehabt hatte, schon vor. Krull und Reetzke, nachdem alles erzählt worden, was zu erzählen war, erboten sich, den Gefangenentransport, der auf Frankfurt ging, zu übernehmen; eine Verstärkung dieser Eskorte war nicht nötig, da sowohl Muschwitz wie Rosentreter froh schienen, ihre Winterhütte mit unfreieren, aber bequemeren Verhältnissen vertauschen zu können. Die Frau, in Betreff deren Zweifel herrschten, wem von den beiden sie zugehörte, folgte stumm, einen kleinen Schlittenkasten ziehend, in den sie das Kind hineingesetzt hatte.

Die Hohen-Vietzer traten gleichzeitig mit dem Abmarsch der Gefangenen ihren Rückweg an. Und zwar über das am diesseitigen Ufer liegende Manschnow. An der Mühle vorüberkommend, teilten sie dem alten Kriele mit, in welchem Stalle er seinen Braunen wiederfinden würde; auf dem Schulzenamte aber wurde Befehl zurückgelassen, dass die Manschnower, zu deren Revier die Insel gehörte, den Schuppen durchsuchen und durchgraben und alles geraubte Gut, das sich etwa finden würde, nach Frankfurt hin abliefern sollten.

---

[*] So schlimm wird es ja wohl nicht.
[**] Warum sollte ich Sie nicht kennen?

RANGSTREITIGKEITEN

In einem Lumpenkasten
   War große Rebellion:
Die feinen Lumpen hassten
   Die groben lange schon.

Die Fehde tät beginnen
   Ein Lümpchen von Batist,
Weil ihm ein Stück Sacklinnen
   Zu nah gekommen ist.

Sacklinnen aber freilich
   War eben Sackleinwand,
Und hatte grob und eilig
   Die Antwort bei der Hand:

»Von Ladies oder Schlumpen –
   's tut nichts zur Sache hier,
Du zählst jetzt zu den Lumpen
   Und bist nicht mehr wie wir.«

Ein Hund und eine Katze verloren
Schon früh die teuren Eltern beid;
Ein alter Freund, mit langen Ohren,
Erbarmte sich der jungen Leut.

Ein Esel war's, und beiden Seelen
Mit gleicher Liebe zugetan;
Die Pflegekinder zu vermählen,
Das war von je sein Lieblingsplan.

Zwar sah er zwischen Hund und Katze
Oft einen eingefleischten Hass,
Doch hing er an dem alten Satze:
Im Ehestande gibt sich das.

Zwar sprach die Katz: »Oh, Pflegevater,
Lass ab, so du nicht Stein und Erz,
Ich lieb des Nachbars schwarzen Kater,
Und ihm allein gehört mein Herz.«

Es sprach der Hund: »Wohl fühl ich Minne,
So wahr als ich ein Pinscher bin,
Doch streben alle meine Sinne
Nur nach der Bologneserin.«

Umsonst! trotz allem Widerstreben,
Und allem Flehn von Katz und Hund,
– Der Esel war ein Esel eben –
Bestand er auf dem Ehebund.

Der Krieg ist da; nachts schleicht die Katze
Zu Nachbars schwarzem Kater hin, –
Der Pinscher huldigt seinem Schatze,
Der kleinen Bologneserin.

Das väterliche Strafgericht

Ich war ein eifriger Ballspieler und bevorzugte jene besondere Form des Spiels, wo sich einer meiner Kumpane mit dem Rücken an die Wand stellen und seine rechte Hand ausstrecken musste. Nach dieser Hand zielte ich nun, und war ich dabei nicht geschickt genug, so flog der Ball gelegentlich in eine Scheibe. Danach kam dann das Strafgericht. Aber viel, viel schlimmere Folgen entsprangen mir aus meines Vaters Antipathie gegen die vorerwähnten Dachreparaturen. Zu meinen Hauptspielvergnügungen, ich komme weiterhin ausführlich darauf zurück, zählte das Umherklettern und Sichverstecken auf dem Bodengebälk. Ich saß oder hockte da, meist mit dem Rücken an einen Rauchfang gelehnt, und war glücklich, wenn die Jungen, die nach mir suchten, mich nicht finden konnten. Aber gerade diese Momente höchsten Triumphs waren es doch auch, die zuletzt wieder eine Gefahr heraufbeschworen. Wenn ich da, durch Mauer- und Lattenwerk verborgen, eine Stunde lang und oft noch länger gehockt hatte, kamen, wie sich denken lässt, kleine menschliche Schwachheiten über mich, denen ich sozusagen auf ordnungsmäßige Weise nicht nachgehen konnte, weil ich mich dadurch meinen unten auf mich wartenden Feinden überliefert haben würde. So denn zwischen zwei Bedrängnisse gestellt, kroch ich zuletzt, aus meinem Halb-Versteck, auf einen möglichst im Schatten liegenden Balken hinaus und nahm hier die Stellung ein wie die berühmte kleine Brunnenfigur in Brüssel, mich zugleich derselben Beschäftigung unterziehend. Gleich danach verbarg ich mich wieder, so gut es ging, und wartete da, bis ich, bei endlichem Dunkelwerden, meine Chance wahrnehmen und unten, am Treppenpfeiler, unter dreimaligem Anschlag den Frei-Platz erreichen konnte. Das war dann jedes Mal ein großer Sieg, aber eine schmerzliche Niederlage heftete sich nur allzu oft an meine Sohlen. Traf es sich nämlich so, dass mein Vater am anderen Tage sein Haus revidierte, vor allem aber die Böden, gegen die er immer ein besondres Misstrauen unterhielt, so trat er alsbald sinnend an die Stelle, zu deren Häupten ich am Abend vorher gestanden, und hielt hier eine seiner herkömmlichen, zunächst gegen das »verdammte Dach, das ihn noch aufzehren werde«, gerichteten Ansprachen, bis ihm mit einem Male der Gedanke kam, »sollte vielleicht wieder …?« Und nun begann das Prozessuale. Wurde meine Schuld festgestellt, so traf mich eine Strafe, die die wegen Ball und Fensterscheibe mindestens doublierte.

Solcher Art waren die Vollstreckungen aus der freien Initiative meines Vaters, kleine Exekutionen, die vielleicht auch hätten wegbleiben können, aber gegen die ich, wie schon gesagt, in meinem Gemüte nicht länger murre. Sehr anders verhielt es sich mit den Strafen, an die mein Papa, wie in Ausführung eines richterlichen Befehls, heranmusste. Diese waren schmerzlich und nachhaltig. Eine davon ist mir besonders stark im Gedächtnis geblieben.

Es war schon im Oktober, ein heller, wundervoller Tag, und wir spielten in unserem Garten ein von uns selbst erfundenes, aber freilich nur einmal gespieltes Spiel: »Bademeister und Badegast«. An der Gartentür standen Tisch und Stuhl, auf welch Letztrem der Bademeister saß und gegen gesiegelte Marken Zutritt gewährte. War diese Marke gezahlt, so schritt der Badegast über eine auf Holzkloben liegende Bretterlage hin und kam schließlich an den Badeplatz. Dies war ein vorher gegrabenes riesiges Loch von wenigstens vier Fuß im Quadrat und ebenso tief. Das Wasser fand sich von selbst, denn es war Grundwasser, und in diesem Grundwasser stapften wir nun, nach Aufkrempelung unserer Hosen und wie in Vorahnung der Kneipp'schen Heilmethode, glückselig herum. Aber nicht allzu lange. Meine Mutter hatte, vom Wohnzimmer meines Vaters aus, diesen Badejubel beobachtet, und aus Gründen, die mir bis diesen Augenblick ein Geheimnis sind, entschied sie sich dahin: »dass hier ein Exempel statuiert werden müsse«. Hätte sie sich der Ausführung dieses Entscheids nun selber unterzogen, so wäre die Sache nicht schlimm gewesen, die Hand einer Mutter, die rasch dazwischenfährt, tut nicht allzu weh; es ist ein Frühlingsgewitter, und kaum hat es eingeschlagen, so ist auch die Sonne schon wieder da. Leider jedoch hatte meine Mutter, und zwar schon Jahr und Tag vor Eröffnung dieser »privaten Badesaison«, den Entschluss gefasst, nur immer Strafmandate zu erlassen, die Ausführung aber meinem Vater, wie einem dafür Angestellten, zuzuweisen. Das Heranreifen eines solchen Entschlusses in ihr kann ich mir nur so erklären, dass sie davon ausging, mein sehr zur Bequemlichkeit neigender Vater sei eigentlich »für gar nichts da«, und dass sie mit dem allen den Zweck verband, ihn auf den Weg des Pflichtmäßigen hinüberleiten zu wollen. Treff ich es damit, so muss ich sagen, ich halte das von ihr eingeschlagene Verfahren für falsch. Wer die Untat entdeckt und als Untat empfindet, der muss auch auf der Stelle Richter und Vollzieher in einer Person sein. Vergeht aber eine halbe Stunde oder eine ganze und muss nun ein vom Frühschoppen heimkehrender Vater, der eigentlich sagen möchte, »seid umschlungen, Millionen«, muss dieser unglückselige Vater, auf einen Bericht und eine sich daran knüpfende Pflicht-Ermahnung hin, den Stock oder gar die Reitpeitsche von seinem verstaubten Schreibpult herunternehmen, um nun den alten König von Sparta zu spielen, so ist das eine sehr traurige Situation, traurig für den mit der Exekution Beauftragten und traurig für den, an dem sich der Auftrag vollzieht. Kurz und gut, ich wurde ganz gründlich ins Gebet genommen, und als ich aus der Marter heraus war und total verbockt (ein Zustand, den ich sonst nie gekannt habe) in unserer schüttgelben Kinderstube mit dem schwarzen Ofen und dem Alten-Geißlerstuhl auf und ab ging, erschien meine Mutter und forderte von mir, dass ich nun auch noch hinübergehen und meinem Vater abbitten solle. Das war mir über den Spaß, und ich weigerte mich. Schließlich aber redete sie mir freundlich zu, und ich tat es. Ich glaube, sie fühlte in ihrem Gerechtigkeitssinne, dass sie viel zu weit gegangen war, und weil ihr mein Vater, dem die Sache gewiss geradezu grässlich war, schon Ähnliches gesagt haben mochte, so lag ihr daran, alles baldmöglichst wieder beglichen zu sehn.

DER WILDDIEB UND DER FÖRSTER

Im Riesengebirge, am Fuße der Schneekoppe, leben der Förster Opitz und der kleine Handwerker Lehnert Menz, der gern ein bisschen wildert und von dem fernen, freien Amerika träumt. Schon früher hat der Förster den Lehnert nach Kräften schikaniert, und später brachte er ihn wegen Schmuggels sogar ins Gefängnis. Doch nun lebt Lehnert wieder bei seiner Mutter, und es scheint Frieden zwischen den Nachbarn zu herrschen …

Es war ein heißer Tag, und die Steine, die durch die Lomnitz hin zerstreut lagen und bei niedrigem Wasserstand einen Übergang von einem Ufer zum andern bildeten, blitzten in der Sonne; drüben das Heidekraut auf der Opitz'schen Seite schimmerte rot, und von dem Lupinenfeld, das sich, freilich als schmaler Strich nur, durch das Heidekraut hinzog, zog ein süßer Duft nach dem Inselchen herüber. Der Himmel stand in einem wolkenlosen Blau. Lehnert, der sich, der großen Hitze halber, von dem Vorplatz am Schuppen unter den Schuppen selbst zurückgezogen hatte, sah einen Augenblick von seiner Arbeit auf und wurde dabei mehrere Taubenschwärme gewahr, deren einer eben über die Tannen am Waldsaum hinschwebte. Plötzlich aber, während er noch so hinaufsah, vernahm er, durch die Mittagsstille hin, einen Hundeblaff und gleich danach einen durchdringenden Hahnenschrei, der, weitab davon, sicher und siegesfroh wie sonst wohl die Seinen zuhauf zu rufen, umgekehrt etwas von einem Angst- und Todesschrei hatte. Lehnert ahnte, was es war, sprang auf die Deichsel und Vorderachse des gerade vor ihm stehenden Arbeitswagens und sah von dieser Hochstellung aus, was drüben passierte. Diana hatte den Hahn an seinem Silberkragen gepackt und schüttelte ihn. Und nun ließ der Hund wieder ab, und die plötzliche Lautlosigkeit verriet nur zu deutlich, dass das schöne Tier, das er gepackt und geschüttelt, tot war. Das gab Lehnert einen Stich ins Herz, denn neben dem prächtigen gelben Rosenstrauch an Haus und Dach war der Silberhahn so ziemlich das Einzige, woran er hing; alles andere war in Rückgang und Verfall. Er ballte die Faust und drohte nach drüben hin, aber er bezwang sich wieder und richtete seinen Zorn und Unmut, einen Augenblick wenigstens, statt gegen Opitz gegen die eigene Mutter.

»*Die* ist schuld; es musste so kommen. Hab ich doch den da drüben wohl ein Dutzend Mal sagen hören: ›Liebe Frau Menz, wenn Sie nicht nach dem Rechten

sehen und das Hühnervolk immer über den Steg und die Steine bis in meinen Vorgarten lassen, *ich* stehe für nichts; Diana packt mal zu.‹ Nun hat Diana zugepackt, und wir sind unseren Hahn los und müssen noch still sein und vielleicht auch noch gute Worte geben wegen der Aurikeln und Levkojen oder was das arme schöne Tier sonst noch zerpflückt und zertreten hat … Aber so ist die Alte, sie will die paar Futterkörner sparen, und selbst ihre Hühner sollen drüben zu Gaste gehen. Es ist ein Elend, und bloß neugierig bin ich, was er nun machen und ob er sich entschuldigen und so was von Bedauern sagen wird.«

Und sieh, Lehnert war kaum wieder bei seiner Arbeit, so kam auch schon Christine zur Frau Menz in die Küche und bestellte von Förster Opitz: Es tät ihm leid, dass seine Diana den Hahn gewürgt hätte. Mehr könn er aber nicht sagen. Er habe der Frau Menz im Voraus gesagt, dass es so kommen würde. Sein eigener Schade sei noch größer, und wenn er zusammenrechne, was die Menz'schen Hühner ihm alles ruiniert hätten, so käme mehr heraus als der Hahn.

»Und will er denn den Hahn behalten?«, wimmerte die Alte.

»Nein«, sagte Christine, »den Hahn sollt ich Euch bringen. Aber Frau Opitz sagte, ›der würd Euch doch nicht schmecken‹. Und hinterher hat sie mir heimlich gesagt, ich sollt Euch fragen, was Ihr dafür haben wolltet, und sie wollt es alles bezahlen und noch ein Reugeld dazu.«

Lehnert, als seine Mutter und Christine so sprachen, war von seinem Arbeitsschuppen herbeigekommen.

»Ich will den Hahn«, sagte er, »und nicht das Geld. Aber gegessen wird er nicht, Mutter. Ich begrab ihn und mach ihm einen Stein. Das schöne Tier! Meine einzige Freude! Nun ist er hin. Diese Diana, diese Bestie! Mir will sie auch immer nach den Beinen. Aber sie soll sich vorsehn, und ihr Herr auch.«

Und er ging wieder an seine Arbeit, während Christine bei der Alten blieb und ihr ohne weiteres das Geld gab, das die gute Frau Opitz für den erwürgten Hahn bewilligt hatte.

Lehnert verwand es schneller, als er selber gedacht haben mochte. Hätt er klarer in seinem Herzen lesen können, so würd er gefunden haben, dass er eigentlich froh war, seines Gegners Schuldsumme wachsen zu sehen. Je mehr und je rascher, desto rascher musst auch die Abrechnung kommen, das war das Gefühl, das ihn mehr und mehr zu beherrschen begann. Bei Tisch sprach er nicht, und als er den Krug Bier, den ihm die Mutter aus dem Kretscham* geholt, geleert hatte, ging er auf seine Kammer hinauf und schlief.

Als er wieder wach war, war er zunächst willens, doppelt fleißig zu sein und bei der Arbeit alles zu vergessen – nicht für immer, dafür war gesorgt, aber doch auf ein paar Stunden. Am Abend wollt er dann in den Querseiffner Kretscham gehn, wo heute Tanz war.

»Ich sitze jetzt zu viel an der Schnitzelbank und lebe ... nun, wie leb ich? Ja, wie wenn ich nur noch Botenfrau wär, Botenfrau für Opitz. Ich will es mir heute raustanzen aus dem Geblüt.«

Und damit ging er von seiner Kammer in die Küche, nahm den Bunzlauer Topf, drin ihm die Alte den Nachmittagskaffee warm zu stellen pflegte, vom Herd und ging wieder auf seinen Schuppen zu. Die Hühner lagen hier in ihren Erdlöchern und sahen ihn wie fragend an.

»Ihr wollt mich wohl gar noch verantwortlich machen? Dummes Volk! Ich sag euch, *er* wäre nicht rübergegangen, *er* hielt auf sich und hätte sich seine paar Körner auch hier gesucht. *Ihr* seid schuld, ihr habt ihn verleitet, und er ist euch bloß gefolgt, um euch nicht im Stich zu lassen. Nun ist er weg, und ihr habt das Nachsehen. Solchen schönen Herrn kriegt ihr nicht wieder, verdient ihr auch gar nicht.«

Er unterhielt sich noch so weiter und freute sich, dass er seine gute Laune wiederhatte.

So vergingen etliche Stunden, und die Sonne machte schon Miene, hinter der mit Tannen besetzten Höhe zu verschwinden. Lehnert aber, der all die Zeit über mit besonderem Fleiße gearbeitet hatte, hatte seines in die Hobelspäne gestellten Kaffees ganz vergessen und wollt eben aufstehen, um das Versäumte nachzuholen, als die Mutter in großer Hast und Aufregung vom Haus her auf ihn zukam und in den Arbeitsschuppen hineinrief: »Ein Has, Lehnert, ein Has!«

»Wo, Mutter?«

»In unserm Korn.«

Und ehe zwischen beiden noch weiter ein Wort gewechselt werden konnte, sprang Lehnert auch schon von seiner Arbeit auf, lief auf das Haus zu, riss die Flinte vom Riegel und stürzte durch die Hintertür, über den Hof fort, auf den zu Feld und Wald hinüberführenden Brückensteg zu. Bevor er diesen aber errei-

---

* Wirtshaus.

chen konnte, wurd es dem Hasen drüben nicht recht geheuer, der denn auch in kurzen Sätzen, und zwar immer an dem Kornfeldstreifen entlang, auf den Wald zu retirierte. Freilich nur langsam und mit Pausen. »Sieh, er sputet sich nicht mal, er hat nicht mal Eile«, sagte Lehnert vor sich hin und legte den Kolben an die Schulter und zielte. Da wurde der drüben mit einem Mal flinker und eilte sich, den kaum zehn Schritt breiten Abhang, der zwischen Acker und Wald die Grenze zog, hinaufzukommen, aber eh er noch bis an das Unterholz heran war, fiel der Schuss. Am Saume hin zog der Pulverrauch und wollte sich nicht gleich vertun; Lehnert indes, der wohl wusste, dass er keinen Fehlschuss getan hatte, ging langsam auf die Stelle zu, nahm den Hasen vom Boden und kehrte dann über Steg und Hof in sein Häuschen zurück.

»Da, Mutter. Der soll uns schmecken. Opitz kann sich den Hahn braten lassen.«

Erst als Lehnert diesen Namen nannte, kam der Alten die nur zu berechtigte Sorge wieder, was Opitz zu dem allem wohl sagen würde, Lehnert selbst aber war guter Dinge, sprach in einem fort von Haus- und Feldrecht und suchte der

Alten ihre Befürchtungen auszureden. Ob es ihm ernst damit war und ob er wirklich an sein »Haus- und Feldrecht« glaubte, war schwer zu sagen und blieb auch da noch im Ungewissen, als eine halbe Stunde später Opitz in Person von seiner Försterei herüberkam und den Hasen forderte.

Lehnert spielte den Unbefangenen, ja zunächst sogar den Verbindlichen und bat Opitz, Platz nehmen zu wollen, und erst als dieser, unter Ablehnung der Artigkeit, die Forderung wiederholte, stellte sich Lehnert mit dem Rücken an den Ofen und sagte: »Was man nicht hat, kann man nicht geben.«

Um Opitz' Züge, der nur zu gut wusste, dass er jetzt seinen alten Gegner in Händen habe, flog ein spöttelndes Lächeln, und es trieb ihn mächtig, diesem seinem Gefühle von Überlegenheit auch sofort einen Ausdruck zu geben. Er bezwang sich aber und sagte: »Lehnert, Ihr nehmt den Streit wieder auf und tätet doch klüger und besser, es nicht zu tun. Ich warn Euch. Ich mein es gut mit Euch.«

»Ich habe den Hasen nicht.«

»Ihr habt von dem Brückensteg aus gezielt und geschossen.«

»Ich habe von dem Brückensteg aus geschossen, aber nicht gezielt. Der Hase saß in unserm Feld; er ist jetzt öfters bei uns zu Gast, und nachts wird er wohl mit Familie kommen. Ich brauche keine Hasen in meinem Felde zu leiden, und ich hab ihn verjagen wollen.«

»Ein Has ist ein Has, und Ihr braucht bloß in die Hand zu klatschen …«

»Aber ein Schuss hilft mehr.«

»Namentlich, wenn er getroffen hat.«

Lehnert schwieg und sah an Opitz vorbei, der seinerseits eine kleine Weile vergehen ließ, fast als ob er Lehnert eine Frist zur Überlegung gönnen wollte. Als aber jedes Entgegenkommen ausblieb, nahm er zuletzt das Wort wieder und sagte: »Lehnert, Ihr bringt Euch in Ungelegenheiten. Ihr habt einen Hass gegen mich, und das verdirbt Euch Euren guten Verstand. Ihr streitet mir den Hasen ab, Ihr, der Ihr immer von Eurer Wahrheitsliebe sprecht, und wäre mir doch ein Leichtes, den Hasen in Eurem Hause zu finden. Und wenn *ich* ihn nicht fände, so doch Diana … Kusch dich … Ihr habt den Hasen verjagen wollen. Nun, meinetwegen; das ist Euer gutes Recht. Und wenn Ihr's Euch einen Schuss Pulver kosten lassen wollt, nun, so mag auch *das* hingehen, obwohlen es auffällig ist und eigentlich nicht in der Ordnung. Es ist nicht Brauch hier zu Land, einen Hasen durch einen Flintenschuss zu verjagen. Und der Letztberechtigte dazu seid Ihr, der Ihr schon manches auf dem Kerbholz habt. Ich sah von meiner Giebelstube her, dass Ihr im Anschlag lagt, und ich sah auch, wie der Hase zusammenbrach. Und zum Überfluss hab ich mir die Stelle drüben, eh ich in Euer Haus kam, mit allem Vorbedacht angesehen und habe den Schweiß an dem hohen Farnkraut gefunden, das drüben steht.«

Die Bedrängnis, in der sich Lehnert befand, wuchs immer mehr, und ein begreifliches Verlangen überkam ihn, aus dieser seiner Lage heraus zu sein. Er war aber schon zu tief drin, und was die Hauptsache war, er konnte sich nicht entschließen zuzugeben, eine Lüge gesprochen zu haben. So pfiff er denn leise vor sich hin, als ob er andeuten wolle, dass der Worte genug gewechselt seien.

Opitz seinerseits aber war nicht willens, seinen Triumph abzukürzen, und fuhr, während er eine gewisse Gütigkeitsrolle weiterspielte, ruhigen Tones fort: »Ich sehe, Lehnert, dass Ihr ungeduldig werdet, und will Eure kostbare Zeit nicht über Gebühr in Anspruch nehmen. Und so hört denn meinen letzten Vorschlag! Ich will den Hasen nicht, und meine Frau, die's, wie Ihr wisst, gut mit Euch meint, mag Euch auch noch den Speck dazu schicken. Und *ich*, Lehnert, ich will's bei dem Grafen verantworten, und wenn er sich wundern sollte, so will ich, aus Rücksicht für Euch, von einem Schreckschuss sprechen, der zufällig getroffen habe. Der Graf ist ein gnädiger und nachsichtiger Herr, und wenn er das mit dem ›Schreckschuss‹ auch nicht glauben wird, so wird er doch so tun, als glaub er's. Aber das verlang ich von Euch, dass Ihr Euch vor mir zu dem bekennt, was Ihr getan habt, und dass Ihr Euch entschuldigt. Hab *ich* Euch doch mein Bedauern über den Hahn ausgesprochen. Und war nicht dazu gebunden. Aber *Ihr*, Ihr seid's. Und nun heraus mit der Sprache. Beichten ist immer das Beste, da wird die Seele wieder frei, nicht wahr? Und man kann jedem wieder ins Auge sehn.«

»Kann ich!«, sagte Lehnert, und sein Auge suchte das des Försters, um sich mit ihm zu messen. Aber das Gefühl seines Unrechts war doch stärker als sein Trotz, und er senkte den Blick wieder.

Opitz lächelte.

»Guten Abend, Frau Menz. Ich werde meine Frau von Euch grüßen. Und auch Christinen. Und nun Gott befohlen!«

Und ohne weiter ein Wort oder einen Blick an Lehnert zu richten, verließ er das Haus und ging auf den Steg zu. Diana folgte.

Die Alte war ihm bis in den Vorgarten gefolgt und rechnete darauf, dass er sich noch einmal umsehen würde, für welchen Fall sie devotest zu knicksen vorhatte, schließlich aber gewahr werdend, dass auf einen gnädigen Abschiedsblick nicht mehr zu rechnen sei, gab sie's auf und ging in die Stube zurück. Hier stand Lehnert noch am alten Fleck und sah vor sich hin.

»Ach, Lehnert, wenn du's doch nicht getan hättest ... Und Speck will er uns auch noch schicken. Sieh, so ist er immer und meint es gut. Aber wenn ich ihn auch mit Schmand brate, schmecken tut er mir doch nicht. Wie kann er mir auch schmecken? Wenn man Angst hat, schmeckt einem nichts, gar nichts, und will nicht runter, und ich fühle schon, wie's mir hier sitzt und ordentlich vor der Brust steht.«

»Ach, Mutter, was soll das? Aber so bist du. Du willst alles haben, und wenn dann nachher was passiert, was nach Gerichtsvorladung aussieht, oder wenn du gar zu glauben anfängst, nun ist es mit dem Schinkenknochen und dem Liesenschmalz drüben vorbei, dann heißt es wieder: ja warum auch? warum hast du geschossen?«

»Ich habe nichts gesagt, ich habe dir nicht zugeredet.«

Lehnert stampfte heftig auf, fiel aber rasch wieder ins Lachen und sagte: »Wir wollen uns vertragen, Mutter. Du bist, wie du bist. Nein, zugeredet hast du nicht. Du kamst bloß, als ob wenigstens das Haus in Brand stünd, und riefest: ›Ein Has, ein Has!‹ Nun sage, was hieß das? was sollte das? Sollt ich kommen und mir das Wundertier ansehn? Oder ihn wegjagen? Kannst du nicht selber einen Hasen wegjagen? Ich habe just das getan, was du wolltest, und du hast dabei gedacht: ›Opitz wird heute still sein von wegen dem Hahn und vielleicht auch von wegen der neuen Freundschaft.‹ Und weil es nun anders gekommen, so bist du wieder mit Vorwurf und Klage bei der Hand und weimerst mir wieder was vor, weil ich geschossen hab, und sähest es am liebsten, ich ginge gleich rüber und würfe mich ihm zu Füßen und küsste seinen Rockzipfel. Aber davon wird nichts. Er mag nun wieder seine Schreiberei machen und alles zur Anzeige bringen. Aufschreiben und Anzeigen versteht er, das war schon seine Kunst, als er noch bei den Soldaten war. Aber ich werde mich schon zu verteidigen wissen und werde vor Gericht aussagen, dass ich meinen Kohl und meinen Hafer, oder was es sonst ist, nicht für Opitz und seine Hasen ziehe. Geschossen hätt ich blind drauflos, was dann aus dem Hasen geworden, das wüsst ich nicht und braucht ich nicht zu wissen, und wenn Opitz eines Hasen Schweiß gefunden habe, was ja sein könne, so sei's nicht der, um den sich's hier handle, *der* sei lustig in die Welt gegangen.«

»Aber dann werden sie dir einen Eid zuschieben. Willst du schwören?«

»Nein, das will ich nicht. Schwören tu ich nicht. Aber ich werde schon was finden, um aus der Geschichte rauszukommen.«

Er sagte das so hin, halb um der Mutter zu widersprechen, halb um sie zu beruhigen, war aber klug genug, zu wissen, dass er schwerlich eine Ausrede finden und somit sehr wahrscheinlich einer zweiten Verurteilung entgegengehen werde. Das war ihm ein schrecklicher Gedanke, so schrecklich, dass ihm alle Lust an der Arbeit auf ganze Tage verloren ging und er umherzutabagieren[*] begann, was er ohnehin liebte. Den Tag über sprach er in dieser oder jener Baude vor oder ging auch wohl ins Böhmische hinüber, wo er, bis nach Sankt Peter und Trautenau hin, viel Anhang hatte, abends aber saß er in den nächstgelegenen Kretschams umher, im »Waldhaus«, in Brückenberg, in Wang, heute hier und morgen da, und erzählte jedem, der's hören wollte, dass wieder ein Krieg in der Luft sei, drüben in Böhmen wüssten sie schon davon, und dass er seinerseits warten wolle, bis es wieder losginge. Krieg in Frankreich, das sei das einzig vernünftige Leben; wenn es aber *nicht* wieder losginge, nun, dann ginge er, und er wiss auch schon wohin. Er wolle zu den Heiligen am Salzsee, da hätte jeder sieben Frauen, und wenn er auch immer gesagt habe, dass *eine* schon zu viel sei, was auch eigentlich richtig, so woll er's doch mal mit sieben versuchen; es sei doch mal was anderes. Er war sehr aufgeregt und sprach immer in diesem Ton, und sein einziges Vergnügen war, dass man ihn für einen Ausbund von Klugheit hielt und sich wunderte, wo er das alles herhabe.

Ja, das schmeichelte seiner Eitelkeit und gab ihm eine momentane Befriedigung, die meiste Zeit aber war er nicht bloß unzufrieden mit aller Welt, sondern auch mit sich selbst und konnte zu keinem festen Entschluss kommen. All das Sprechen von Krieg und Auswanderung und Salzsee war doch nur ein müßiges Spiel, im Grunde seines Herzens hing er mit Zärtlichkeit an seinem Schlesierland und dachte gar nicht an Fortgehen, wenn ihm der Boden unter den Füßen nicht zu heiß gemacht würde. Aber das war es eben. Machte »der da drüben« Ernst, so war der heiße Boden da und zugleich der Augenblick, wo das, was er bisher bloß an die Wand gemalt hatte, Wirklichkeit werden muss-

[*] In Kneipen herumtreiben.

te. Denn zum zweiten Mal ins Gefängnis, das zu vermeiden, war er fest entschlossen, und so hing denn alles an der Frage: wird Opitz Ernst machen oder nicht?

Nach seinem ersten unmittelbaren Gefühle war an diesem Ernste wohl nicht zu zweifeln, aber das Weibervolk drüben hatte großen Einfluss, und wenn Bärbel und Christine die rechte Stunde wahrnahmen, so war es doch am Ende möglich, dass sie den trotz aller Schroffheit und Bärbeißigkeit auch wieder sehr bestimmbaren Hausherrn dahin brachten, die Sache fallen zu lassen. Und warum auch nicht? Was war es denn groß? Ein Has. Und dass der Hase wirklich in dem Kornfeld gesessen, darüber war kein Zweifel, dem konnte sich auch Opitz nicht entziehen, und wenn er, Lehnert, in seinem Stolz und seinem Übermut auch keine Nachsicht verdienen mochte, so doch die alte Frau, die so gut wie eine Bettlerin war, wenn man ihr den Sohn noch einmal ins Gefängnis schickte.

So vergingen, ohne dass auf Seiten Lehnerts etwas geschehen wäre, gegen anderthalb Wochen, und wär auch wohl noch weiter so gegangen, wenn nicht die Plaudertasche, die Christine, gewesen wäre, die beständig alles, was drüben in der Försterei vorging, zu den Menzes hinübertrug. Unter den kleinen Freiheiten, die sie sich regelmäßig nahm, war auch die, dass sie den Opitz'schen Schreibtisch beim Aufräumen und Staubabwischen einer gründlichen Revision unterzog, so dass sie jederzeit wusste, wie die Dienstsachen standen. War das nun schon ihr alltägliches Tun, so doppelt, seitdem Lehnert in Gefahr schwebte, der Gegenstand oder das Opfer einer Opitz'schen Schreibübung zu werden. Eine ganze Woche lang hatte sich nichts finden lassen, heut aber, es war der Tag vor dem vierten Sonntage nach Trinitatis*, war ihr der lang erwartete Bericht an den Grafen, in geschnörkelter Abschrift und sauber zwischen zwei Löschblätter gelegt, zu Gesicht gekommen, und ehe noch eine Viertelstunde um war, war sie schon drüben, um ihre Neuigkeit vor die rechte Schmiede zu bringen.

»Liebe Frau Menz, ich habe es nun alles gelesen. Es sind drei Seiten, alles fein abgeschrieben und unterstrichen, denn er hat ein kleines Pappelholzlineal, das nimmt er immer, wenn er unterstreichen will, und das sind allemal die schlimmsten Stellen.«

* Dreifaltigkeitssonntag.

»Jesus«, sagte Frau Menz und zitterte. »Sie können ihm doch nicht ans Leben, bloß um den Has, und war noch dazu so klein, als ob er keine drei Tage wär, und ich hab ihn eigentlich nicht essen können vor lauter Angst, bloß einen Lauf und das Rückenstück, weil es doch zu schade gewesen wäre. Ach, du meine Güte, wenn er um so was sterben sollte, da wäre ja keine Gerechtigkeit mehr, und der Kaiser in Berlin wird doch wissen, dass er ein so guter Görlitzer war und dass er's beinah gekriegt hätte …«

»Gott, liebe Frau Menz, was Sie nur alles reden, so schlimm ist es ja nicht. Und wär überhaupt gar nicht so schlimm, wenn es nicht das zweite Mal wär, oder was sie, die so was schreiben, den ›Wiederbetretungsfall‹ nennen. Das ist das Wort, das drinsteht. Und da machen sie denn gleich aus dem Floh 'nen Elefanten und tun, als ob es Wunder was sei, nicht weil es wirklich was Großes und Schlimmes wäre, nein, bloß von wegen dem zweiten Mal, von wegen dem Wiederbetretungsfall. Und da sind sie denn wie versessen drauf, und das war auch die Stelle mit dem dicken Strich … Das heißt die *eine*.«

»Die eine? Aber du mein Gott, war denn noch eine?«

»Gewiss war noch eine da, die war noch dicker unterstrichen, und das war die von seinem Charakter.«

»Ach, du meine Güte. Von seinem Charakter! Und die hat Opitz auch unterstrichen? Ja, was soll denn das heißen? Ein Charakter is doch bloß, wie man is. Und wie is man denn? Man is doch bloß so, wie einen der liebe Gott gemacht hat, und wenn man auch nicht alles tun darf, aber seinen Charakter, ja, du mein Gott, den hat man doch nu mal und den wird man doch haben dürfen und den kann er nicht unterstreichen. Und ein Mann wie Opitz, den ich immer beknickst habe, wie wenn er der Graf wäre. Gott, Christine, sage, Kind, was steht denn drin und was hat er denn alles gesagt?«

»Er hat gesagt, ›dass man sich jeder Tat von ihm zu gewärtigen habe‹, das steht drin, Frau Menz, und das Wort ›jeder‹ ist noch extra rot unterstrichen und sieht aus wie Blut, so dass ich einen regulären Schreck kriegte und bloß nicht wusste, an wen ich dabei denken sollte, ob an Opitzen oder an Lehnert. Ja, liebe Frau Menz, ›jeder Tat‹, so steht drin, und dass er aus diesem Grunde beantrage, die Strafe streng zu bemessen, und zweitens auch deshalb, weil er viel Anhang und Zuhörerschaft habe und überall in den Kretschams herumsitze und den Leuten Widersetzlichkeit beibringe, was um so törichter und strafenswerter sei, als er eigentlich einen guten Verstand habe und sehr gut wisse, dass alles, was er so predige, bloß dummes Zeug sei. Er sei ein Verführer für die ganze Gegend, so recht eigentlich, was man einen Aufwiegler nenne, und rede beständig von Freiheit und Amerika und dass es da besser sei als hier, in diesem dummen Lande. Ja, Frau Menz, das alles hat Opitz geschrieben, und am Schlusse hat er auch noch geschrieben, dass man an Lehnert ein Exempel statuieren müsse, damit das Volk mal wieder sähe, dass noch Ordnung und Gesetz und ein Herr im Lande sei.«

»Das alles?«

»Ja, Frau Menz, das alles. Denn das weiß ich schon, weil ich öfter so was lese, wenn er erst mal im Zug ist, dann ist kein Halten mehr, und auf eine Seite mehr oder weniger kommt es ihm dann nicht an, schon weil er eine hübsche Handschrift hat und mitunter zu mir sagt: ›Nu, Christine, wie gefällt dir das große H?‹, und vor allem, weil er gerne so was schreibt von Ordnung und Gesetz und dabei wohl denken mag, so was lesen die Herren gern und halten ihn für einen pflichttreuen Mann. Ja, liebe Frau Menz, so red't er in einem fort zu Haus, und so schreibt er auch, und dann stellt er sich vor meine gute Frau hin und sagt: ›Sieh, Bärbel, ich bin nur ein kleiner Mann, aber das tut nichts, jeder an seinem Fleck, und das weiß ich, ich sorge dafür, dass die Fundamente bleiben, und bin eine Stütze von Land und Thron.‹«

Christine hätte wohl noch weitergesprochen, aber Lehnert, der schon von früh an oben im Dorf gewesen war, kam eben von Krummhübel zurück, wohin er eine Wagenachse abgeliefert hatte. Christine mocht ihm nicht begegnen, um nicht aufs Neue in ein Gespräch verwickelt zu werden, oder vielleicht auch, weil sie die Wirkung der schlimmen Nachricht auf ihn nicht selber sehen wollte. So nahm sie denn ihren Weg über den nach der Waldseite hin gelegenen Brückensteg und kehrte auf einem Umwege und unter Benutzung einiger im Lomnitzbette liegender Steine nach der Försterei zurück.

Frau Menz hatte zu schweigen versprochen, aber sie war unfähig, etwas auf der Seele zu behalten, und so wusste Lehnert nach einer Viertelstunde schon, was Christine berichtet hatte.

»Lass ihn, er wird nicht weit damit kommen!«

Er sagte das so hin, um die Mutter, so gut es ging, zu beruhigen, in seinem Herzen aber sah es ganz anders aus, und er ging auf das Fenster zu, das er aufriss, um frische Luft einzulassen. Er hatte diesen Ausgang wohl für möglich, aber, bei der Fürsprache drüben, keineswegs für wahrscheinlich gehalten, und nun sollte doch das Schlimmste kommen, und wenn er sich diesem Schlimmsten entziehen wollte, so gab es nur *ein* Mittel und musste nun *das* geschehen, womit er bis dahin in seiner Phantasie bloß gespielt hatte: Flucht. Ungezählte Male war es ihm eine Freude gewesen, von dem elenden Leben in diesem Sklavenlande zu sprechen, von der Lust, dieser Armseligkeit und Knechterei den Rücken zu kehren und übers Meer zu gehen, und doch – jetzt, wo die Stunde dazu da war, das immer wieder und wieder mit Entzücken Ausgemalte zur Tat werden zu lassen, jetzt wurd er zu seiner eigenen Überraschung gewahr, wie sehr er seine Heimat liebe, sein Schlesierland, seine Berge, seine Koppe. Das sollte nun alles nicht mehr sein. Um nichts, oder um so gut wie nichts, war er das erste Mal von Opitz zur Anzeige gebracht worden, und um nichts sollt es wieder sein. Was war es denn? Ein Has, der in seinem Kornfeld gesessen und den er über Eck gebracht hatte. Das war alles, und dies alles war eben nichts. Und wenn es etwas war, wer war schuld daran? Wer anders als »der da drüben«, der ihm den Dienst verleidet hatte, sonst wär alles anders gekommen, und er wäre, was eigentlich sein Ehrgeiz und seine Lust war, bei den Soldaten geblieben und hätte seinem König weiter gedient und hätte jedes Jahr Urlaub genommen und wäre dann mit dem Hirschfänger und dem Czako durch die Dorfstraße gegangen, und alles hätte gegrüßt und sich über ihn gefreut. »Um all das hat er mich gebracht, weil er mir's missgönnte, weil er nicht wollte, dass wer neben ihm stünde. Ja, *er* ist schuld, er allein. Um das Kreuz hat er mich gebracht, aber mein Haus- und Lebenskreuz war er von Anfang an und hat mich geschunden und gequält, und wie damals, so tut er's auch heute noch. Er hat mir das Leben verdorben und mein Glück und meine Seligkeit.«

Als er das letzte Wort gesprochen, brach er ab und sah vor sich hin. Alles, was in Nächten, wenn er nicht schlief, ihm halb traumhaft erschienen war, erschien ihm in diesem Augenblicke wieder, aber nicht als ein in Nebelferne vorüberziehendes Bild, sondern wie zum Greifen nah, und in seiner Seele klang es noch einmal nach: »und meine Seligkeit«.

Es war Mittag, und Frau Menz brachte die Mahlzeit. Aber Lehnert aß nicht, und als die Alte ihm zuredete, wies er es kurzerhand ab, stand auf und ging in seine Kammer, um, was ihn peinigte, loszuwerden und Ruhe zu suchen. Wenn er hätte schlafen können! Aber er fühlte nur, wie's hämmerte. Mit einem Male sprang er auf. »Nein, ich bleibe. *Nicht* fort. Ich will nicht fort. Einer muss das Feld räumen, gewiss. Aber warum soll *ich* denn der eine sein? Warum nicht der andere? Mann gegen Mann ... und oben im Wald ... und heute noch. Ich sage nicht, dass ich's tun will, ich will es nicht aus freien Stücken tun, nein, nein, ich will es in Gottes Hand legen, und wenn *der* es fügt, dann soll es sein ... Und das Papier drüben und alles, was drinsteht, das will ich schon aus der Welt schaffen ... Und wenn ich ihm *nicht* begegne, dann soll es *nicht* sein, und dann will ich mich drein ergeben und will ins Gefängnis oder will weg und über See.«

Lehnert war klug genug, alles, was in diesen seinen Worten Trugschluss und Spiegelfechterei war, zu durchschauen, aber er war auch verrannt und befangen genug, sich drüber hinwegzusetzen, und so kam es, dass er sich wie befreit fühlte, nach all dem Schwanken, endlich einen bestimmten Entschluss gefasst zu haben. Er wartete bis um die sechste Stunde, legte dann, wie stets, wenn er ins Gebirge wollte, hirschlederne Gamaschen an und stieg, als er sich auf diese Weise marschfertig gemacht hatte, von seiner Bodenkammer wieder in die Wohnstube hinunter. Hier riss er aus dem unter der Jagdflinte hängenden Kalender ein paar Blätter heraus und wickelte was hinein, was wie Flachs oder Werg aussah. Alles aber tat er in eine Ledertasche, wie sie die Botenläufer tragen, gab dann der Alten, unter einem kurzen »Adjes, Mutter«, die Hand und ging auf das sogenannte »Gehänge« zu, den nächsten Weg zum Kamm und zur Koppe hinauf. Drüben in der Försterei schien alles ausgeflogen. Nur Diana lag auf der Schwelle und sah ihm nach.

Lehnert verfolgte seinen Weg, der ihn zunächst an den letzten Häusern von Wolfshau vorüberführte. Von hier aus bis zu dem das gräfliche Jagdrevier auf Meilen hin einhegenden Wildzaun waren keine tausend Schritt mehr … Er öffnete das aus Holzstämmen zusammengefügte, schwer in den Angeln gehende Tor und ließ es wieder ins Schloss fallen, und der Ton, mit dem es einklinkte, durchfuhr ihn und ließ ihn zusammenschauern. Er war nun drin in dem Waldgehege. Was war geschehen oder doch vielleicht geschehn, wenn er wieder heraustrat? Aber er entschlug sich solcher Gedanken und schritt die geradlinige, steile Straße hinauf, das »Gehänge«, das hier am Gatter seinen Anfang nahm und abwechselnd an hochstämmigem Wald und niedriger Kusselheide vorüberführte. Dann und wann kamen auch Wiesenstreifen und Streifen von Moorgrund. Es war jetzt um die siebente Stunde und die Sonne, für die Talbewohner, noch über dem Horizont, hier oben aber herrschte schon Dämmer und abendliches Schweigen, und nur dann und wann hörte man das Klucken und Glucksen eines bergab schießenden Wasserlaufes oder eine vereinzelte Vogelstimme. Kein Schmettern oder Singen, nur etwas, das wie Klage klang. Am Himmel, der hell leuchtete, wurde die Mondsichel sichtbar, ein blasser Ring, und einmal war es Lehnert, als ginge wer neben ihm her. Aber es war eine Sinnestäuschung, und wenn er seinen Schritt anhielt, schwieg auch der begleitende Schritt im Walde.

So war er, das »Gehänge« hinauf, schon bis ziemlich hoch gekommen, und durch eine bergan steigende Lichtung im Walde konnt er bereits den Gebirgskamm in aller Deutlichkeit erkennen. Er sah aber nicht lange hinauf, sondern setzte sich, plötzlich der Ruhe bedürftig, auf eine Bank, die man hier, wohl zu Nutz und Frommen bergan steigender Sommergäste, zwischen zwei dicht nebeneinander stehenden Tannen angebracht hatte. Das dachartig überhängende Gezweige war Ursache, dass es um die ganze Stelle her schon dunkelte, trotzdem war es noch hell genug, um alles Nächstliegende deutlich erkennen zu können. An der anderen Seite des Weges sprang ein Quell aus einer nur wenig übermannshohen Felswand, und der Umstand, dass man dem Quell eine zierliche Holzrinne gegeben und ihn in geringer Entfernung davon in einen von Moos überwachsenen Steintrog geleitet hatte, gab diesem Rastplatz etwas von einem Waldidyll. An dem Steintroge vorbei zog sich, nicht allzu weit unter dem Kamm hin, ein dem Zuge desselben folgender Pfad, der zuletzt auf die Hampelbaude zulief.

Lehnert wusste hier Bescheid auf Schritt und Tritt und hatte manch liebes Mal auf dieser Bank gesessen und nach dem Quell hinübergesehen und gehorcht, ob vielleicht Opitz aus dem Unterholz heraustreten würde. Fast zu gleichem Zwecke saß er wieder hier, und als sich's drüben einen Augenblick wie regte, schoss ihm das Blut zu Kopf, und er griff unwillkürlich nach links, wie wenn er, der doch noch ohne Waffe war, das Gewehr von der Schulter reißen wollte. Rasch aber entschlug er sich seiner Erregung wieder, und an ihre Stelle trat ein Lächeln. War er doch mit nichts ausgerüstet als mit einer Tasche, wie sie die Führer und Botenläufer tragen, und wenn Opitz in diesem Augenblicke wirklich aus dem Walde drüben herausgetreten wäre, so hätt er ihm einen »guten Abend« bieten und trotz aller Bitterkeit im Herzen ein Gespräch über den Koppenwirt oder über den nächsten Krieg oder über die »Görlitzer« mit ihm haben müssen. Er wurd überhaupt wieder unsicher und verlangte nach einem weitern Zeichen, das ihm noch einmal sage, was er zu tun habe. So brach er denn einen dürren Zweig ab und machte zwei Lose daraus, in Länge nur wenig voneinander unterschieden, und tat beide in seinen Hut. Und nun schüttelte er und zog und maß. Er hatte das etwas längere Stück gezogen. »Gut dann … es soll also sein …«, und mit einer Raschheit, in der sich die Furcht vor einem abermaligen Schwanken und Unschlüssigwerden aussprach, erhob er sich von seiner Bank und schlängelte sich mit einer Findigkeit, die deutlich sein Zuhausesein an dieser Stelle zeigte, durch allerhand dichtes Unterholz bis auf eine Waldwiese, die, nach der einen Seite hin, ganz besonders aber in der Mitte, mit riesigen Huflattichblättern überwachsen war, während sie nach der anderen Seite hin in buschhohem Farrenkraut stand, das sich, heckenartig, an einer niedrigen Felswand entlangzog. In Front dieser Buschhecke war nirgends ein Einschnitt, weshalb Lehnert, der dies sehr wohl wusste, seinen Eingang von der Seite her nahm und sich zwischen dem Farrenkraut und der Felswand hindurchdrängte, mit seiner Rechten an dem Gesteine beständig hintastend. Als er bis in die Mitte war, war auch die Felsspalte da, nach der er suchte, freilich nur schmal und eng. Er streifte deshalb den Ärmel in die Höh, um bequemer mit Hand und Unterarm hineinzukönnen, und nahm, als ihm dies gelungen, aus einer in der Felsspalte befindlichen Nische sein Doppelgewehr heraus, das hier, bis an den Kolben in ein Futteral von Hirschleder gesteckt, seinen Versteck hatte. Gleich danach hielt er auch Pulverhorn und Schrotbeutel in Händen, und abermals einen Augenblick später von einem der von seiner Wohnung her mitgenommenen alten Kalenderblätter einen breiten Streifen abreißend, der als Schusspfropfen dienen sollte, lud er jetzt beide Läufe, setzte die Zündhütchen auf und hakte das mit zwei Drahtösen versehene Stück Werg, das ein falscher Bart war, über die Ohrwinkel. Und nun wand er sich, wie vorher zu diesem Versteck hin, so jetzt mit gleicher Raschheit durch Farrenkraut und Unterholz zurück und trat wieder auf die große Straße hinaus. Er war derselbe nicht mehr. Der flachsene Vollbart, der aus Zufall oder Absicht tief eingedrückte Hut, der Doppellauf über der Schulter – das alles gab ein Bild, das in nichts mehr an den Lehnert erinnerte, der vor einer Viertelstunde noch, schwankend und unsicher, auf der Bank am Quell gesessen hatte.

»Nun, mit Gott«, sprach er vor sich hin und stieg höher hinauf, auf den Grat des Gebirges zu.

Stiller wurd es, und niemand begegnete ihm. Nur einmal trat ein Rehbock auf eine Lichtung und stand, und Lehnert griff schon nach dem Gewehr, um anzuschlagen. Aber im nächsten Augenblicke war er wieder anderen Sinnes gewor-

den. »Nein, nicht so. Sein Schicksal soll über ihn entscheiden, nicht ich. Ich will ihn nicht heranrufen; ich hab es in eine höhere Hand gelegt.« Und sein Gewehr wieder über die Schulter hängend, schob er sich weiter an den Tannen hin. Aber es waren ihrer nicht allzu viele mehr, immer lichter wurd es zwischen den Stämmen, und kaum hundert Schritte noch, so lag der Wald zurück, und ein breites Stück Moorland tat sich auf, durch das jetzt mitten hindurch der Weg unmittelbar auf den Grat hinaufführte. Wo der Torf nicht zu Tage lag, war alles von einem gelben, sonnverbrannten Gras überwachsen; dazwischen aber blinkten Sumpf und Wasserlachen, auf deren schwarzer Fläche die Mondsichel sich spiegelte. Kein Leben, kein Laut. Aber während Lehnert dieser Lautlosigkeit noch nachhorchte, klang plötzlich, durch die tiefe Stille hin, ein helles Läuten herauf.

»Das ist das Kapellchen unten. Das fängt an und läutet den Sonntag ein.«

Und wirklich, ehe noch eine Minute vergangen, fiel das ganze Tal mit all seinen Kirchen und Kapellen ein, und wie im Wettstreit klangen die Glocken mächtig und melodisch bis auf den Koppengrat hinauf. Und nun war auch Lehnert oben und sah hinab. Der Mond gab eben Licht genug, ihn alles im Tal unten, drin eben ein dünner Nebel aufstieg, wie in einem halben Dämmer erkennen zu lassen. Da lagen die beiden Falkenberge, deren einer seine Zacken phantastisch emporstreckte, dahinter aber waren die Friesensteine, noch von einem letzten Widerscheine des Abendrots überglüht.

Lange sah er hinab, bis der Widerschein verblasst und das weite Tal unten nichts mehr als eine Nebelkufe war. Nur um ihn her war noch klare Luft, und die Mondsichel blinkte.

»Wohin jetzt?«, fragte er sich.

Er sah nach links hin, den Grat entlang, und bemerkte das Licht, das oben auf der Koppe schimmerte.

»Wenn ich mich ranhalte, bin ich in zwanzig Minuten oben … Und dann bin ich ihm *nicht* begegnet. Aber warum nicht? Weil ich ihm nicht begegnen *konnte*, weil ich ihm aus dem Wege gegangen bin. Ist das das Rechte? Heißt das sein Schicksal befragen? Ich *darf* ihm nicht aus dem Wege gehen, das ist kein richtig Spiel; ich muss dahin, wo sich's begegnen lässt … Da ist mein Platz.«

Und rasch entschlossen wandt er sich wieder und schritt denselben Weg zurück, auf dem er gekommen war.

Solang er das Moor und seine freie Fläche zu Seiten hatte, hing er allerhand Träumereien nach, kaum aber dass der Hochwald wieder um ihn her war, so schien auch sein Auge zwischen den Stämmen hin das Dunkel durchdringen zu wollen. Aber es blieb trotzdem, wie's war, und er war schon wieder bis an jene Wegstelle, wo sich die Bank befand und der Quell in den Steintrog fiel, ohne dass sich etwas geregt oder ihm auch im Geringsten nur die Gegenwart seines Gegners verraten hätte. »Was soll er auch hier auf der großen Straße? Feige bin ich, nichts als Feigheit.« Und sich von der Bank her, drauf er abermals eine kurze Rast genommen, zum Weitergehen anschickend, bog er drüben in den am Steintroge vorüberführenden Querpfad ein, der in langer Linie, waagrecht und ohne jede Steigung, auf die Hampelbaude zulief. »Da will ich hin. In der Hampelbaude will ich schlafen. Und hab ich ihn bis dahin nicht getroffen, so soll es nicht sein. Und ich muss ins Prison* oder in die weite Welt.«

Er musste so sprechen, denn er wusste nur zu gut, dass er bis dahin mit der Begegnungsfrage bloß gespielt hatte. Jetzt aber musste sich's zeigen. Und wunderbar, statt erregter zu werden, ward er mit jedem Augenblicke stiller und seine Seele ruhiger, vielleicht, weil er jetzt ein Ende absah. Und ihn verlangte danach, so oder so. Nur eines war ihm lästig, die Mondsichel blinkte so hell, als ob Vollmond wäre. »Der Bart ist doch immer nur eine halbe Verkleidung. Und wenn die Toten auch schweigen … Es wäre besser, die Wolke drüben legte sich vor.«

Und wirklich, sie tat's. Und was jetzt niederflimmerte, war nur noch das matte Licht der Sterne …

Da kam wer auf ihn zu. »Steh!« Opitz war um eine Wegecke gebogen und hielt auf fünf Schritt.

Und Lehnert stand.

»Gewehr weg! Was ein Richtiger ist, der weiß, wie sich's gehört. Aber du bist wohl ein Böhm'scher … Eins, zwei …«

Lehnert, das Gewehr in der Hand, zögerte noch.

»Gewehr weg … drei.« Und im selben Augenblicke schlug der Hahn auf das Piston. Aber das Zündhütchen versagte.

Und nun schlug Lehnert an, und zwei Schüsse krachten.

Opitz brach zusammen.

In engem Bogen an ihm vorbei ging Lehnert auf die Hampelbaude zu. …

---

* Gefängnis.

Der Abstieg war bequem gewesen, jetzt aber ging es wieder steil bergan, und von Bequemlichkeit war keine Rede mehr. Indessen, er war ein guter Steiger, und schon um vier war er wieder auf dem Koppenkamm und um sechs in Wolfshau.

Die Mutter, die die Siebenhaar'sche Predigt unten in Arnsdorf nicht versäumt hatte, stand am Herd und hielt just einen Bunzlauer Kaffeetopf und ein Stück Streuselkuchen in Händen, als Lehnert unter Kopfnicken eintrat.

»Guten Tag, Mutter!«

»Tag, Lehnert!«

»Weiter nichts, Mutter? Du bist doch sonst nicht so kurz. Nichts Neues? Nichts vorgefallen? Keine Menschenseele da gewesen? Der Streusel da kann doch nicht durch den Schornstein gekommen sein wie der Klapperstorch oder der Gottseibeiuns.«

»Ach, rede doch nicht von dem, der kommt doch, der kommt auch so.«

»Durch die Tür, meinst du?«

Sie nickte, tat einen Zug und starrte dann wieder schweigend vor sich hin, ohne Lehnert anzusehen. Der schwieg auch. Endlich sagte sie: »Opitz ist noch nicht da.«

»So?«

»Die Frau war hier und weinte.«

»Warum?«

»Weil sie glaubt, dass ihm was passiert sein könne.«

Lehnert lachte. »Dann muss eine Förstersfrau jeden Tag weinen.«

»Und dann fragte sie nach *dir* …«

»So, so. Und was sagtest du?«

»Dass du nach dem ›Waldhaus‹ gewollt hättest und vom Waldhaus nach Arnsdorf … vielleicht von wegen dem Has … zum Grafen. Aber ich wüsst es nicht genau.«

»Das ist recht, Mutter, dass du das gesagt hast, dass du gesagt hast, du wüsstest es nicht genau. Das ist immer das Beste, das musst du immer sagen. Und nun gib mir einen Schluck von dem Kaffee da. Nein, lass lieber, ein Teller Milch ist mir besser. Ich bin verhungert und verdurstet. Seit heute früh keinen Bissen und keinen Tropfen.«

Beide standen auf, Lehnert, um sich umzuziehen und die Gamaschen abzutun, die Mutter, um ihm die Milch zu holen, die nach Landesbrauch in einer vom Ufer aus vorgebauten Steinhütte stand, durch die nun die Lomnitz hindurchschoss und Kühle gab.

Als Lehnert wieder treppab kam, sah er, dass die Mutter ihm das Abendbrot vor dem Hause hergerichtet hatte, neben dem Rosenbusch, unter dessen überhängendem Gezweig er am liebsten saß. Drüben aber, in der Haustür der Försterei, stand die gute Frau Opitz und sah abwechselnd nach dem Gehänge hinauf und dann wieder in die tiefrot untergehende Sonne.

»Nicht hier, Mutter.«

»Aber es ist doch deine Lieblingsstelle.«

»Ja, sonst. Aber heute nicht.«

Und er hieß sie den Tisch mit anfassen, und beide trugen ihn mit leichter Mühe durch den Flur, bis vor die Küchentür. Da nahm er nun Platz und aß.

Als er damit geendet hatte, stand er auf und ging wieder in die Vorderstube, in der just völlige Dämmerung herrschte. Die Mutter war noch draußen, und so schritt er auf und ab und überlegte, was werden würde. Mit einem Mal aber war es ihm, als würde die Klinke leis geöffnet und wieder ins Schloss gedrückt, und als er sich umsah, sah er, dass Christine vor ihm stand.

»Da, Lehnert!« Und sie hielt ihm bei diesen Worten ein nach Art eines amtlichen Schreibens zweimal zusammengefaltetes Papier hin. Als er es auseinandergeschlagen und, ans Fenster tretend, einen Blick hineingeworfen hatte, sah er, dass es der Bericht war, in dem Opitz seinen Strafantrag gestellt hatte.

»Zerreiß es!«, sagte Christine. »Ich hab es gefunden. Es lag auf seinem Schreibtisch.«

»Aber er wird es suchen, wenn er nach Hause … wenn er wiederkommt.«

»Er kommt nicht wieder.«

Und damit war sie fort, und er sah nur, wie sie rasch über den Steg hinhuschte, wieder der Försterei zu.

Es war einmal ein Kater,
Der knurrte täglich sehr,
Da sprach zu ihm sein Vater:
Komm Söhnchen einmal her.
Er machte ihm den Buckel krumm
Und gab ihm einen Maulkorb um
Und steckt ihm Kopf und Schnauz hinein,
Auf dass er lerne höflich sein.

Die einen sagen, wir haben gewonnen,
Die andern sagen, sie haben gewonnen,
Ich aber sage das eine nur:
Es ward viel gelaufen bei Sherifmur*,
Wir sind gelaufen und sie sind gelaufen,
Gelaufen einzeln und in Haufen.

Wir haben den linken Flügel geschlagen,
Der rechte Flügel hat uns geschlagen,
Eine Rennbahn war die ganze Flur,
Es ward viel gelaufen bei Sherifmur,
Wir sind gelaufen und sie sind gelaufen,
Gelaufen einzeln und in Haufen.

Rob Roy**, o wärst du zu Hülf uns gekommen,
Es hätt ein anderes Ende genommen,
So aber war das Ende nur:
Es ward viel gelaufen bei Sherifmur,
Wir sind gelaufen und sie sind gelaufen,
Gelaufen einzeln und in Haufen.

---

* Die Schlacht bei Sherifmur (November 1715) zwischen
  schottischen Aufständischen und den Truppen
  des englischen Königs Georg I. blieb unentschieden.
** Spitzname des schottischen Bandenführers Robert Mac Gregor
  (1671–1734).

FRITZ KATZFUSS

Fritz Katzfuß war ein fünfzehnjähr'ger Junge,
Rothaarig, sommersprossig, etwas faul
Und stand in Lehre bei der Witwe Marzahn,
Die geizig war und einen Laden hatte,
Drin Hering, Schlagwurst, Datteln, Schweizerkäse,
Samt Pumpernickel, Lachs und Apfelsinen
Ein friedlich Dasein miteinander führten.
Und auf der hohen, etwas schmalen Leiter,
Mit ihren halb schon weggetretnen Sprossen,
Sprang unser Katzfuß, wenn die Mädchen kamen
Und Soda, Waschblau, Grieß, Korinthen wollten,
Geschäftig hin und her.

        Ja, sprang er *wirklich*?
Die Wahrheit zu gestehn, *das* war die Frage.
Die Mädchen, deren Schatz oft draußen passte,
Vermeinten ganz im Gegenteil, »er nöle«,
Sei wie verbiestert und durchaus kein »Katzfuß«.
Im Laden, wenn Frau Marzahn auf ihn passe,
Da ging' es noch, wenn auch nicht grad aufs Beste,
Das Schlimme käm erst, wenn er wegen Selter-
Und Sodawasser in den Keller müsse,
Das sei dann manchmal gradzu zum Verzweifeln,
Und wär er nicht solch herzensguter Junge,
Der nie was sage, nie zu wenig gebe,
Ja, meistens, dass die Waagschal überklappe,
So wär's nicht zu beleben.

          Und nicht besser
Klang, was die Herrin selber von ihm sagte,
Die Witwe Marzahn. »Wo der dumme Junge
Nur immer steckt? Hier vorne *muss* er flink sein,
Doch soll er übern Hof und auf den Boden,
So dauert's ewig, und ist gar Geburtstag

Von Kaiser Wilhelm* oder Sedanfeier**
Und soll der Stock raus mit der preuß'schen Fahne
(Mein sel'ger Marzahn war nicht für die deutsche),
Fritz darf nicht rauf, – denn bis Dreiviertelstunden
Ist ihm das mindste.«

              So sprach Witwe Marzahn
Und kurz und gut, Fritz Katzfuß war ein Rätsel,
Und nur das eine war noch rätselvoller,
Dass, wie's auch drohn und donnerwettern mochte,
Ja, selbst wenn Blitz und Schlag zusammenfielen,
Dass Fritz nie maulte, greinte, wütend wurde;
Nein, unverändert blieb sein stilles Lächeln
Und schien zu sagen: »Arme Kreaturen,
Ihr glaubt mich dumm, *ich* bin der Überlegne.
Kramladenlehrling! *Eure* Welt ist Kram,
Und wenn ihr Waschblau fordert oder Stärke,
Blaut zu, soviel ihr wollt. *Mein* Blau der Himmel.«

So ging die Zeit und Fritz war wohl schon siebzehn;
Ein Oxhoft Apfelwein war angekommen
Und lag im Hof. Von da sollt's in den Keller.
Fritz schlang ein Tau herum, und weil die Hitze
Groß war und drückend, was er wenig liebte,
So warf er seinen Shirting-Rock*** beiseite,
Nicht recht geschickt, so dass der Kragenhängsel
Nach unten hing. Und aus der Vordertasche
Glitt was heraus und fiel zur Erde. Lautlos.
Fritz merkt' es nicht. Die Witwe Marzahn aber
Schlich sich heran und nahm ein Buch (das war es)
Vom Boden auf und sah hinein: »Gedichte.

---

 * Wilhelm I., seit 1871 deutscher Kaiser, hatte am 22. März Geburtstag.
 ** Am 1. September 1870 hatten im Deutsch-Französischen Krieg 1870/71 die deutschen
    Truppen bei Sedan den entscheidenden Sieg errungen.
 *** Shirting: grobes Tuch.

Gedichte, 1. Theil, von Wolfgang Goethe«.
Zerlesen war's und schlecht und abgestoßen
Und Zeichen eingelegt: ein Endchen Strippe,
Briefmarkenränder, und als Dritt und Letztes
(Zu glauben kaum) ein Streifen Schlagwurstpelle,
Die Seiten rechts und links befleckt, befettet,
Und oben stand, nun was? stand »Mignonlieder«,
Und Witwe Marzahn las: »Dahin, dahin,
Möcht ich mit dir, o mein Geliebter, ziehn.«

Nun war es klar. Um so was träg und langsam,
Um Goethe, Verse, Mignon.
Armer Lehrling.
Ich weiß dein Schicksal nicht, nur eines weiß ich:
Wie dir die Lehrzeit hinging bei Frau Marzahn,
Ging mir das *Leben* hin. Ein Band von Goethe
Blieb mir bis heut mein bestes Wehr und Waffen,
Und wenn die Witwe Marzahn mich gepeinigt,
Und dumme Dinger, die nach Waschblau* kamen,
Mich langsam fanden, kicherten und lachten,
Ich lächelte, grad so wie *du* gelächelt,
Fritz Katzfuß, *du* mein Ideal, mein Vorbild.
Der Band von Goethe gab mir Kraft und Leben,
Vielleicht auch Dünkel … All genau dasselbe,
Nur andres Haar und – keine Sommersprossen.

* Früher häufig verwendetes Stärke- und Bleichmittel beim Waschen.

Unser Lehrer Knoop war nicht freundlich und nicht unfreundlich und sah, gleichviel ob er uns Interessantes oder Nichtinteressantes mitteilte, gleichmäßig gelangweilt drein. Im Ganzen aber kam es seinerseits überhaupt nicht recht zu Mitteilungen, sondern nur zu Aufgaben, ein Verfahren, aus dem genugsam hervorging, dass er uns nicht eigentlich belehren, sondern nur beschäftigen wollte. Dazu gehörte denn vor allem, weil ihm das das Bequemste war (Exerzitien* und Aufsätze hätten ja korrigiert werden müssen), das Auswendiglernen von Vers und Prosa, von Bibelkapiteln und Schiller'schen Balladen. Er erschrak dabei vor keiner Länge. Ganz im Gegenteil, so dass ihm beispielsweise der »Kampf mit dem Drachen«, weil er länger vorhielt, um vieles lieber war als der »Handschuh«, der nur fünf Minuten dauerte. Wir hatten gegen diese Form des Unterrichts nicht viel einzuwenden, und nur einmal kam es mir hart an. Es ereignete sich das in den Weihnachtstagen 30 auf 31, kurz vor Tisch. … Ein wohliger Duft von gebratener Gans zog durch das ganze Haus und gab meinen Gedanken eine dem Höheren durchaus abgewandte Richtung. Ich hatte mich, der wieder in Gedichtauswendiglernen bestehenden Ferienaufgabe gedenkend, auf den ersten Boden zurückgezogen und mir's hier, in einem Kinderschlitten mit Seegraskissen, leidlich bequem gemacht, dabei einen alten vielkragigen Mantel meines Vaters über die Knie gebreitet, denn es war bitterkalt, und in der Sonne blinkten links neben mir ein paar Schneestreifen, die der Wind durch die Fensterritzen hineingepustet hatte. Fröstelnd und unzufrieden mit mir und meinem Schicksal, saß ich da, Schillers Gedichte vor mir, und lernte »Das Eleusische Fest«**. Unten klimperte wer auf dem Klavier. Als es endlich schwieg, hörte ich den von einem asthmatischen Pusten begleiteten Schritt meines Vaters auf der Treppe, und nicht lange mehr, so stand er vor mir, übrigens zunächst weniger mit mir als mit den zwei Schneestreifen beschäftigt. Er schob denn auch, eh er sich zu mir wandte, den Schnee mit der Sohlenkante zusammen und sagte dann ernst: »Ich begreife nicht, warum du hier sitzest.«

»Ich lerne.«

»Was?«

»›Das Eleusische Fest‹.«

* Übungen.
** Philosophisches Gedicht von Friedrich Schiller.

116

»Nun, das ist gut. Aber du siehst aus, als ob du keine rechte Freude daran hättest. Ohne Freude geht es nicht, ohne Freude geht nichts in der Welt. Von wem ist es denn?«

»Von Schiller.«

»Von Schiller. Nu, höre, dann bitt ich mir aus, dass du Ernst mit der Sache machst. Schiller ist der Erste. Wie lang is es denn?«

»Siebenundzwanzig Verse.«

»Hm. Aber wenn es von Schiller ist, ist es gleich, ob es lang oder kurz ist. Es muss runter.«

»Ach, Papa, die Länge, das is es ja nicht. Der ›Kampf mit dem Drachen‹ ist noch länger, und ich habe es in der letzten Stunde, die wir hatten, doch hergesagt.«

»Nun, was ist es dann?«

»Es ist so schwer. Ich versteh es nicht.«

»Unsinn. Das ist bloß Faulheit. Gewiss, es gibt Dichter, die man nicht verstehen kann. Aber Schiller! ›Gang nach dem Eisenhammer‹, ›Bürgschaft‹, ‚Kraniche des Ibykus‹, da kann man mit. ›Und in Poseidons Fichtenhain / Tritt er mit frommem Schauder ein‹ – das kann jeder verstehn und war immer meine Lieblingsstelle. Natürlich muss man wissen, wer Poseidon* ist.«

»Ja, das geht, und Poseidon kenn ich. Und die, die du da nennst, die hab ich auch alle gelernt. Aber das ›Eleusische Fest‹, das kann ich nicht. Ich weiß nicht, was es heißt, und weiß auch nicht, was es bedeutet, und ich weiß auch nicht, gleich zu Anfang, welche Königin einzieht.«

»Das ist auch nicht nötig. Du wirst doch verstehn, dass eine Königin einzieht. Welche er meint, ist am Ende gleichgültig. Es ist ein Ausdruck für etwas Hohes.«

»Und in dem zweiten Verse heißt es dann: ›Und in des Gebirges Klüften barg der Troglodyte** sich.‹ Was ist ein Troglodyte?«

»Nun, das ist ein griechisches Wort und wird wohl Leute bezeichnen, die einen Kropf haben oder irgend so was. An solcher einzelnen Unklarheit kann das Ganze nicht scheitern. Also strenge dich an …«

Er hätte mir wohl noch weitere Lehren gegeben, wenn nicht in diesem Augenblicke zu Tische gerufen wäre. »Nun komm nur. Es heißt zwar plenus venter …***, aber du wirst schon darüber hinkommen.«

Ich kam nicht darüber hin und habe das »Eleusische Fest« nicht auswendig gelernt, weder damals noch später.

---

* Griechischer Gott des Meeres.
** Höhlenbewohner.
*** Plenus venter non studet libenter: Ein voller Bauch studiert nicht gern.

BRIEF AN GEORGECHEN
Oxford, 11. August 1856

Hier im Gasthof zum Robin Roy
Schreib ich dir dies, mein süßer boy,
Und wünsche, dass es am rechten Tag
Dich froh und munter treffen mag.
Es sind nun fünf Jahre, dass deine Mama
Mich wissen ließ: »du seiest da«;
Ich erinnre mich dessen, als sei es heut,
Und habe mich sehr über dich gefreut.
Du warst nicht schön, weder fleischig noch rund,
Und hattest nur einen tüchtigen Mund,
Einen Mund, der, ohne allen Spaß,
Dir genau zwischen beiden Ohren saß; –
Doch sei dem allem, wie ihm woll,
Wir waren ganz deines Ruhmes voll.
Nur in einem schuf uns zu jener Zeit
Dein Mündchen doch Bedenklichkeit,
Das machte, wir hatten selbst nicht satt
Und dachten: »ach wenn er Hunger hat,
Einen Hunger, der diesem Mund entspricht,
So können wir ihn sättigen nicht,
Denn Mutters Vorrat ist sehr gering,
Hilf Himmel, es ist ein schlimmes Ding.«
Und der Himmel tat, was er immer tut,
Er *half*, und alles wurde gut,
Und wurde besser als in der Nacht,
Wo Gott dich schickte, wir je gedacht.
Es fanden sich Milch und Mayer'sche Flaschen*,
Zucker-Biskuite, davon zu naschen,
Es fand sich manches und allerlei,
Und so ging das erste Jahr vorbei.

* Speziell geformte Babyflaschen.

Das zweite auch; – im dritten Jahr,
Als eben Mamas Geburtstag war,
Da hatten deine Eltern beid'
Um dich kleinen Kerl großes Leid.
Du wurdest uns bis zum Tode krank,
Doch der Himmel half wieder, Gott sei Dank,
Zu Weihnachten, als du eben genesen,
Sind wir voll Dank und Freude gewesen,
Aber die Freude war kaum getan,
Da fingst du zu hinken und humpeln an,
Und die Leute sagten: »Das arme Kind!
Und wie traurig seine Eltern sind!«
Wir rieben mit allerhand Salben dich ein,
Doch die Hülfe sollte woanders sein,
Gott nimmt es dabei nicht eben genau,
Und er wählte für dich eine alte Frau,
Sie riet uns Ulmenbäder an,
Und in vier Wochen war es getan.
Seitdem, mein boy, gleich einem Alten
Hast du dich brav und wacker gehalten
Und hast durchzogen wie ein Held
Zu Wasser und Lande die halbe Welt.
Du hast gespielt auf grüner Halde
Am Ufer der Nuthe in Luckenwalde,
Du hast an der Katzbach dich rumgeschlagen
Wie Vater Blücher in alten Tagen
Und bist ohne langes Federlesen
Ein Gast im großen London gewesen.
Deine Mutter schreibt mir von zu Haus:
Du zögst dich jetzt selber an und aus,
Ausziehen ginge eins, zwei, drei,
Aber anziehn immer noch schwierig sei,
Und du dächtest: »wenn ich erst das kann,
So reis ich nach London und bin ein Mann«.
Beim Lesen mir das gleich gefiel;

Steck dir bei Zeiten ein großes Ziel,
Wem Anziehnlernen rasch gelingt,
Der auch wohl andres rasch bezwingt.
Das kannst du heute noch nicht verstehn,
Doch funfzehn Jahre schnell vergehn,
Und wenn dich Gott am Leben lässt
Und du feierst dann wieder Geburtstagsfest,
Dann wollen wir über die Sache sprechen
Und uns den Kopf ein bisschen zerbrechen.
Heut fühl ich von allem Laufen und Sehn
Sich ein Mühlrad in meinem Kopfe drehn,
Und ich will dir nur sagen noch zum Schluss:
Sei brav und gut! Und nun einen Kuss
                    von deinem Papa.

Abends bei Zubettegehn
Vierzehn Engel bei mir stehn;
Zwei zu Häupten,
Zwei zu Füßen,
Zwei zu meiner rechten Seit,
Zwei zu meiner linken Seit,
Zwei, die mich decken,
Zwei, die mich strecken,
Zwei, die führen mich sogleich
In das liebe Himmelreich.

TEXTNACHWEIS

Sämtliche Texte sind – wenn nicht anders vermerkt – der Großen Brandenburger Ausgabe (GBA) entnommen (Theodor Fontane, Große Brandenburger Ausgabe, hg. von Gotthard Erler, Berlin: Aufbau-Verlag 1994 ff.). Orthographie und Interpunktion der Texte wurden für diese Ausgabe gegenüber der Vorlage behutsam den heute geltenden Rechtschreibregeln angepasst; Eigenheiten der Schreibung und Zeichensetzung in den Gedichten wurden bewahrt.

Ein Engel mit Schild und Speer
aus: Meine Kinderjahre. Autobiographischer Roman. Berlin 2007, S. 160 – 170,
(15. Kapitel).

John Maynard
aus: GBA, Gedichte 1, S. 155 – 157.

Butterstullenwerfen
aus: GBA, Gedichte 1, S. 39.

Die Geschichte vom Allerhühnchen
aus: GBA, Wanderungen durch die Mark Brandenburg, Vierter Teil: Spreeland,
S. 302 f.

Seifenblasen
aus: GBA, Gedichte 2, S. 475.

Der Tower-Brand
aus: GBA, Gedichte 1, S. 149 f.

Das Feuer von Tangermünde
aus. GBA, Das Erzählerische Werk, Grete Minde, S. 101 – 117.

Herr von Ribbeck auf Ribbeck im Havelland
aus: GBA, Gedichte 1, S. 229 f.

Harald Harfager
aus: GBA, Gedichte 1, S. 75 – 77.

Der Kranich
aus: GBA, Gedichte 1, S. 10 f.

Das dreizehnte Fass
aus: GBA, Wanderungen durch die Mark Brandenburg, Zweiter Teil:
Das Oderland, S. 88 – 91.

Die Brück am Tay
aus: GBA, Gedichte 1, S. 153–155.

Der Wettersee
aus: GBA, Gedichte 1, S. 85 f.

Die Diebe
aus: Romane und Erzählungen in acht Bänden, hg. von P. Goldammer, G. Erler, A. Golz und J. Jahn, Vor dem Sturm. Zweiter Band, 4. Auflage, Berlin und Weimar 1993, S. 227–249.

Rangstreitigkeiten
aus: GBA, Gedichte 1, S. 30.

Ein Hund und eine Katze
[»Zwei Seelen und ein Gedanke, / Zwei Herzen und ein Schlag!«]
aus: GBA, Gedichte 2, S. 355 f.

Das väterliche Strafgericht
aus: Meine Kinderjahre. Autobiographischer Roman. Berlin 2007, S. 153–156, (11. Kapitel).

Der Wilddieb und der Förster
aus: GBA, Das Erzählerische Werk, Quitt, S. 69–102.

Es war einmal ein Kater
aus: GBA, Gedichte 2, S. 429.

Die einen sagen, wir haben gewonnen
aus: GBA, Gedichte 1, S. 322 f.

Fritz Katzfuß
aus: GBA, Gedichte 1, S. 53–55.

Mit Schiller auf dem Dachboden
aus: Meine Kinderjahre. Autobiographischer Roman. Berlin 2007, S. 146–149, (13. Kapitel).

Brief an Georgechen
aus: GBA, Gedichte 3, S. 75–77.

Abends bei Zubettegehn
aus: GBA, Gedichte 2, S. 109.

Inhalt

MIX
Papier aus verantwor-
tungsvollen Quellen
FSC® C014496

ISBN 978-3-351-03773-4

Aufbau ist eine Marke der Aufbau Verlag GmbH & Co. KG

1. Auflage 2018
© Aufbau Verlag GmbH & Co. KG, Berlin 2018
Die Originalausgabe erschien 2009 bei Aufbau.
Einbandgestaltung Henkel / Lemme
Innengestaltung Torsten Lemme
Repro »Die Litho«, Hamburg
Gesamtherstellung GGP Media GmbH, Pößneck
Printed in Germany

www.aufbau-verlag.de